超人をつくる
アスリート飯《めし》

全身の細胞が喜ぶ
最強のスポーツコンディショニング

Yamada Toyofumi
山田豊文

共栄書房

超人をつくるアスリート飯
——全身の細胞が喜ぶ最強のスポーツコンディショニング◆目次

第3章 肉食至上主義からそろそろ卒業しよう

第4章　アスリートだからこそ、もっと玄米を

第5章 これが「超人をつくるアスリート飯」だ！

第6章 競技人生を長くするミネラルファスティング

第7章　誰でも「超人アスリート」になれる遺伝子の秘密

第8章 コンディショニングに役立つその他のノウハウ

はじめに

日本のスポーツ栄養学は150年前のままで止まっている――。

いきなりこんなことを言うと驚かれるでしょうか？　日本は世界屈指の先進国なんだから、栄養学も時代の最先端を突き進んでいるのに決まっているだろう⁉　と。しかし残念ながら、これは決して大げさな話ではないのです。

19世紀の後半、世界の栄養学研究の中心はドイツであり、それを指揮していたのがカール・フォイトというミュンヘン大学の栄養学者でした。フォイトは、動物性食品（肉類）を高く評価する一方で植物性食品を見下すという、当時の〝最先端〟の栄養学を展開していました。そこでは、高タンパク・高脂肪・高カロリーという、いわゆる欧米型の食事こそが理想的であり、体に必要なこれらの栄養素はどれだけたくさんとっても問題ないなどという、無茶苦茶な理論を主張していたのです。そこに世界中の食品業界がこれ幸いと飛びつき、フォイトは「近代栄養学の父」と祭り上げられるまでになりました。

特に異常だったのはタンパク質に対する見解です。フォイトは、タンパク質の必要摂取量について、実際の約2・5倍の量をとるべきとする研究論文を発表したのです。のちに、フォイトのこうした主張は全く根拠がないと他の研究者らから批判されたのですが、それにもかかわらず、未だ「高タンパク至上主義」や「カロリー偏重主義」から脱却できない現代栄養学の潮流は、まさにこうしたフォイトの影響が色濃く残ったままなのです。

この潮流は、スポーツ界においても全く同じことが言えます。現に、近年活躍している数々の有名アスリートへの栄養指導の内容も、そのことごとくが「時代錯誤」だからです。

それが仮に、無名のアマチュア選手が我流で取り組んでいるというのならまだ分かります。ところが、世界に名だたるトップアスリートの間でさえ、スポーツコンディショニングの柱としての食や栄養のあり方が今なお確立していないという、驚くべき事実があるのです。アスリートやチーム、競技会のスポンサー企業が、ファストフードやインスタント麺、製菓業界、乳業メーカーなど、ことごとく健康とは程遠い食品産業ばかりで占められている現状も、それを如実に物語るものだといえます。

そしてそれは、近年の日本のアスリートにケガや故障が異常に多いという、最悪の形で表れています。才能ある将来有望な若いアスリートたちが、間違った栄養指導のせいでケガや故障に見舞われ、本来の実力を発揮できないまま選手生命を絶たれたり、早期引退を余儀なくされたりしているのかと思うと、実にやり切れない気持ちになります。いったい何のためのスポーツ栄養学なのか、アスリートの栄養指導に携わる人たちはいったい何がしたいのか、自分たちがやっていることの罪深さを果たして認識しているのか……。

その一方で、海外の最新スポーツ栄養学事情は実に対照的です。詳細は第2章でお伝えしますが、本当に、何もかもが全く違うのです。しかもその内容は、アスリートのみならず、老若男女全ての健康の維持増進にも幅広く役立つ優れものです。

本書では、そんな日本のスポーツ栄養学のお粗末さと海外の最先端の取り組みを紹介・比較しつつ、「超人をつくるアスリート飯」をご提案します。そのキーワードは「全身の細胞が喜ぶスポーツコンディショニング」。皆さんは普段、自分の体を細胞レベルで考えることなどほとんどないかもしれませんが、アスリートの体を構成する細胞ひとつひとつのコンディショニングこそが、アスリート本人のコンディショニングの成否に直結します。そして、細胞のパフォーマンスの集大成が、あなたのパフォーマンスそのものなのです。

細胞の環境を整えれば誰もが健康に生きていけるというのが、私が提唱する「細胞環境デザイン学」の基本的な考え方です。それをスポーツの分野にも応用した、細胞環境デザイン学に基づくスポーツコンディショニングの極意を、皆さんに伝授したいと思います。その効果は、私がこれまでアドバイスしてきた数々のアスリートたちが身をもって証明してくれています。

本書は、世間に無数に出回っているスポーツ栄養学の本とは一線を画す内容に仕上がったと自負しています。また、日本の食習慣だからこその独自のアドバンテージ、いわば「日本に住める幸せ」も、随所で再認識できることでしょう。あらゆる人にとって「盾」となるのが、こうした知識です。世間のスポーツ栄養学が信用ならない限り、アスリートの皆さんは自分の身を自分で守らなければなりません。悲しいかな、これが日本の現状です。

トップアスリートからスポーツ愛好家の方まで、コンディショニングに不安や問題を抱えている人、何かを変えて自分のパフォーマンスをもっと高めたい人、さらにはそんなアスリートを支えたい人、そしてスポーツとは縁がないという人にも、ぜひ本書を活用していただければと思います。

第1章

世間のスポーツ栄養学は問題だらけ

国立機関なのにスポーツ栄養への見解が浅はか

東京には、日本のスポーツ界における世界レベルの競技力向上を目的とした、スポーツ科学に関する国立の中枢機関があります。敷地内には、トップレベルのアスリート専用のトレーニング施設や研究施設が集約していて、アスリートのコンディショニングをあらゆる面からサポートする、国内最高峰のスポーツ機関です。

ホームページでは「スポーツ栄養」についても情報を発信していて、その冒頭では、国際オリンピック委員会（ＩＯＣ）の次のような合意声明を引用しています。

《普通に入手できる多くの種類の食べ物から適切なエネルギーを補給していれば、トレーニングや競技に必要な糖質（炭水化物）・たんぱく質・脂質、そして微量栄養素の必要量をとることができる。正しい食事はスポーツ選手が適切な体重や身体組成を獲得し、それぞれの競技で大きな成功を収めるのに役立つであろう》

この声明を受けて、東京の国立機関は次のように主張しています。

《スポーツ選手の食事には、勝利につながる特別な食べ物やサプリメントが存在するわけではないのです。摂取しなければならない栄養素の構成は、一般の人と変わりません。しかし、スポーツ選手の場合、日常生活で消費される分にプラスして、トレーニングのためのエネルギー量と栄養素量をより多くとることが必要になります》

ＩＯＣの声明の趣旨については概ね理解・同意できます。問題は、東京の国立機関の主張です。どう考えても、ＩＯＣの声明を曲解・誤認しているように思えるからです。

まず、「スポーツ選手の食事には、勝利につながる特別な食べ物やサプリメントが存在するわけではない」という点です。後述するように、食事においてもサプリメントにおいても、何をどうとるべきかという取捨選択が一般の人以上に非常に重要な鍵を握るわけですが、このような書き方をすると、アスリートが「正しい食事」ではなく「間違った食事」にたどり着いてしまいかねません。

「スポーツ選手の食事には、勝利につながる特別な食べ物や食べ方、サプリメントが存在します。何をどうとるべきかを知っておくことが極めて重要です」――。せめてこのように書いておくべきでしょう。

後半の「スポーツ選手の場合、日常生活で消費される分にプラスして、トレーニングのためのエネルギー量と栄養素量をより多くとることが必要になります」は、確かにそうなのですが、これについても、その摂取源や摂取方法を吟味しないと意味がありません。この取捨選択を誤ると、コンディショニングの失敗を招いてしまうことになります。

「アスリートの食事の基本」がなっていない

こうした点だけでも改善の余地があるわけですが、極めつけは「アスリートの食事の基本」としてこの国立機関が紹介している内容です。食材のイラストと共に、次の「①～⑤を毎食そろえることにより、必要なエネルギーと栄養素をとることができます」としているのです。

①主食（主に炭水化物）：からだを動かすエネルギー源となる
（例）白米ご飯、パスタ、食パン、うどん
②主菜（主にたんぱく質）：筋肉、骨、血液等の人のからだを作る
（例）卵、魚、豆腐、肉
③副菜（主にビタミン、ミネラル）：体調を整えたり、骨や血液の材料となる
（例）トマト、ジャガイモ、ホウレンソウ、キノコ類、海藻類、キャベツ
④牛乳・乳製品（主にカルシウム、たんぱく質）：骨をつくるのに欠かせない
（例）チーズ、ヨーグルト、牛乳
⑤果物（ビタミンC、炭水化物）：疲労回復、コンディショニングに役立つ
（例）キウイフルーツ、ミカン、リンゴ、バナナ

私は最初にこの内容を見たとき、何かの冗談ではないかと思いました。あるいは、誤解を恐れずに言えば「子どもだまし」にさえも映り、愕然としました。正直なところ、こうやって本書に掲載するのも忍びないくらいなのですが、皆さんに実情を知っていただきたく、半ば断腸の思いで紹介することにしました。

とはいえ今の皆さんは「家庭科の授業で習った通り」「これのどこがおかしいの？」などと思われるかもしれません。しかし実際には問題だらけであり、その理由や詳細については後述することにします。とにかく、基本がなっていません。

何よりも忘れてはならないのは、この情報を提供しているのが、エリート中のエリートが集結する国立のスポーツ機関だということです。たとえ一般には公開できないような極秘のノウハウがあったとしても、情報を発信する限りは、「さすがは日本最高峰だ」と思わせるようなエッセンスが少しくらいは感じられてもいいはずです。ところが、そんなエッセンスはみじんも感じられないどころか、こんな指導内容では、せっかくの才能たちがポテンシャルを十分に発揮できないまま、早々に競技人生を終えてしまうのではないか……というのが、私の率直な感想なのです。

諸悪の根源は「食事バランスガイド」

この背後にある大きな要因は、おそらく「食事バランスガイド」の存在だと思われます。「食事バランスガイド」は2005年に厚生労働省と農林水産省が作成・公表したもので、食事内容を「主食」「副菜」「主菜」「牛乳・乳製品」「果物」の5グループに分けて、全てのグループを組み合わせて食事をとるようにと推奨すべく、それぞれの目安量や割合をコマの形にたとえて示したものです（**図1**）。この分類法だけを見ても、前述の国立機関が大いに影響を

図１　食事バランスガイド

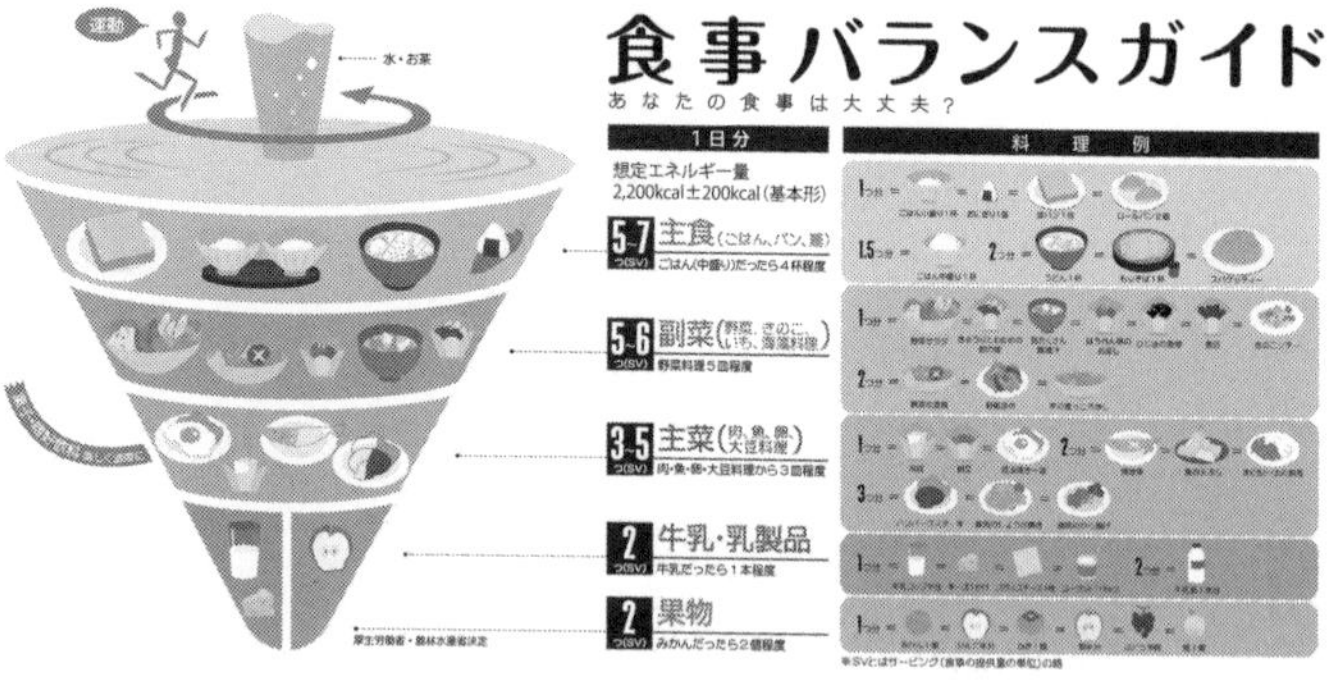

受けているであろうことがうかがい知れます。

それでは問題点を指摘していくことにしましょう。まず、コマのイラストの一番上にある「主食」の部分では、「ご飯」と「パン」と「麺」が、それぞれ交換可能な食べ物として同列になっています。穀物の精製・未精製、コメと小麦の違いなどが完全に無視されているわけです。こんなに重要で基本的なことが配慮されていない点だけでも、実に腹立たしい限りです。

次に指摘すべき問題は、「主食」「副菜」「主菜」に共通して、食材や調理法が大きく異なる料理が同等の扱いを受けていることです。例えば「副菜」のところで、「ほうれん草のお浸し」と「きのこソテー」と「煮豆」が、同じ栄養をとれるものとしてひとくくりにされているのです。各食材に含まれる栄養素の量や種類はかなり異なるうえに、「きのこソテー」や「野菜炒め」には油が、「煮豆」や「野菜の煮物」には糖類が使われると予想され、その量や質も、各家庭や調理する人によって大きく異なると考えられます。肉、魚、卵、大豆が、単にタンパク源というだけで一緒にされています。「主菜」も同じです。「冷奴」と「納豆」と「目玉焼き」が同等のものとして並べられるなど、ガイドを作成する時点で「明らかにおかしい」という意見が出てこなかったのだろうかと、不思議に思うくらいです。また「焼き魚」と「魚の天ぷら」が同列に存在することからも分かるように、やはり食材の違いに加えて調理法もバラバラです。これでは、たとえ同じ種類の魚を使っていたとしても、摂取できる栄養素の種類や量、ひいては食べ物としての「質」さえもが、全く違ったものになってきます。

さらには、コマを回すヒモに模した「菓子・嗜好飲料」を、「楽しく適度に」とるようにと記載しています。もともと健康的な食生活には必要ないものなのに、まるで「少しはとったほうがよい」とでも言わんばかりです。そして牛乳や乳製品の問題も非常に深刻であり、これについては後の章で述べることにします。

実は、「食事バランスガイド」の作成にかかわった顔ぶれを見てみると、公的な組織や学術機関以外に、ファミレスやコンビニ、スーパーなど、何らかの食品産業との関係を示す肩書を持った人がたくさんいます。このため、「菓子・嗜好飲料」や「牛乳・乳製品」の項目が存在する経緯で何らかの〝力〟が働いたであろうことは、想像に難くありません。

どの国にも言えることではありますが、国民の健康を目的とした指針を検討し、作成していくプロセスにおいて、こういった業界との利害が絡んでくることは非常に由々しき問題であり、私たちに対して何のメリットももたらしません。

まずは、このガイドがさまざまな面で問題だらけであることを知っておいてください。

食品産業が牛耳る、アスリートへの異常な栄養管理

さて、有名アスリートや強豪チームの場合、栄養管理の専属スタッフがコンディショニングをサポートしているケースも多いわけですが、残念ながらここにも大きな問題があります。第一に、こうした専属スタッフの多くが特定のスポンサー企業から派遣されている点です。

例えばそこには、大手乳業メーカーの管理栄養士が名を連ねているケースが頻繁にみられます。結果的に、アスリートやチームに自社の牛乳や乳製品を推奨すると同時に、自社に不都合・不利益な情報は提供しないことになり、「間違ったコンディショニング」につながります。それは、前述の国立スポーツ機関と同様、ホームページで紹介されている内容を見れば一目瞭然です。

ある乳業メーカーのホームページでは、スポーツ栄養のポイントについて管理栄養士が競技別に紹介しています。野球やサッカー、バスケットボール、バレーボール、ラグビー、陸上など、さまざまな競技ごとに解説されていて、さぞかしそれぞれの競技の特性に見合った、食や栄養に関する独自のノウハウが展開されているのだろうと期待させられます。

ところがいざふたを開けてみると、「競技別」と銘打っておきながら、書かれている内容はどの競技でもほとんど一緒なのです。しかもその内容は、やはりお粗末極まりないものなのです。

例えば、何かにつけて登場するのが「栄養フルコース型」の食事をとろうという一文です。その趣旨は、①主食、②おかず、③野菜、④果物、⑤乳製品の5つが、1回の食事で全て揃うようにしましょう……というものです。どこかで見覚えがあるような気がしませんか？　そう、前述の国立スポーツ機関や「食事バランスガイド」の内容とほとんど同じです。つまり皮肉にも、両者の問題点をそっくりそのまま、忠実に受け継いでいることになります。これが第二の問題点です。

そもそも管理栄養士は、厚生労働省が認定する国家資格です。ということは、厚生労働省と農林水産省が作成した「食事バランスガイド」の方針に従うのは、全く不思議ではありません。そしてそのせいで、指導内容も問題だらけになってしまっているというわけです。

さらに、この乳業メーカーが製造しているプロテイン製品やゼリー飲料を推奨し、「栄養フルコース型」の食事にプラスしてこれらをうまく利用することが大切……などと説明しています。これらの製品や飲料の問題については後述しますが、いずれにせよ、「スポンサーなんだから仕方ない」などという話では到底済まされません。

栄養士なのに栄養学の基礎知識が足りない⁉

特定の企業に所属しているか否かはさておき、アスリートの栄養サポートを行っている管理栄養士に共通する特徴として、「特定の栄養素をとることにしか目が向いていない」ことが挙げられます。簡単にいえば「この栄養素はこの食品に多く含まれている」（だから○○を食べましょう）というアドバイスに終始しているのです。

また、「特定の栄養素」についても、まるで判を押したかのように「タンパク質」「カルシウム」「鉄」「ビタミンC」ばかりが取り上げられ、これらをいかに摂取するかに重きが置かれています。さすがに、他の栄養素のことを知らないというわけではないでしょうが、ひょっとすると、他の栄養素に対しては「それほど重要ではない」などと思っている可能性は大いにあります。

例えば、よく見かける表現に「タンパク質をしっかりとりましょう」というものがあります。そして、「タンパク質は筋肉や骨の材料になる」から「タンパク質の多い肉や魚、乳製品を積極的にとりましょう」というのがお決まりのパターンです。

食事から得たタンパク質が、筋肉や骨以外にも体内でさまざまな役割を果たしていることくらい、管理栄養士なら〝常識〟のはずです。むしろ、食事由来のタンパク質が、消化・吸収を経て体内でどのような働きを担っているか、正しく働かせるためにはどのような食事をとるべきか（タンパク源として何を選ぶべきか）など、もっと踏み込んで説明してこその管理栄養士ではないでしょうか。栄養学の知識がないアスリートに対し、分かりやすさを心がけているつもりなのかもしれませんが、結果として中身がどんどん問題だらけになってしまっていることに、そろそろ気づいてほしいものです。

また、糖質についてもしかりです。「エネルギー源になる」からという理由で、「ご飯やパン、麺類をしっかりとりましょう」としか伝えていません。糖質がエネルギー源として体内で適切に利用されるには、さまざまなミネラルやビタミン、食物繊維が不可欠であり、それらが一緒にとれるような炭水化物源を主食に選ぶべきです。この点だけをふまえても、ご飯＝白米と決めつけていたり、ご飯・パン・麺類を同列にしたりするなど、管理栄養士としてあってはならないことなのです。

ミネラルについても、「カルシウム」と「鉄」しか知らないのかと言いたくなるくらい、ことごとくこの2種類にしか言及されていません。そして、「カルシウムは骨を強くする」「鉄は血液の材料になる」という切り口、「カルシウムが豊富な牛乳や乳製品、小魚を」「鉄をとるにはレバーやホウレンソウを」という説明の一辺倒です。ビタミンCに至っては、果物からしかとることができないと思い込んでいる節さえあります。

この人たちは本当に栄養学を専門に勉強してきたのだろうか、本当に国家試験に合格したのだろうかと、どうしても疑いたくなってしまいます。

「バランスのよい食事」はバランスが悪い！

そもそも、「食事バランスガイド」などにもあるように、バランスという言葉があまりに独り歩きしているように思えてなりません。

バランスよく食べるとは、具体的にどういう食べ方を指すのでしょうか？　バランスという言葉の定義がとてもあいまいで、人によって解釈も違ってきます。おそらく「好き嫌いなく何でも食べる」というニュアンスであり、それを「栄養フルコース型」などという言葉でもっともらしく表現しているつもりなのでしょうが、その内容が問題だらけであるのは、すでにお伝えしてきた通りです。

実際、2015年に発表されたアメリカの研究では、「何でもバランスよく食べよう」（eat everything in moderation）という食事指針が、不健康な食品も食べてよいという「口実」として都合よく拡大解釈され、最終的にはむしろ肥満や糖尿病をもたらしていたという、何とも皮肉な結果が報告されています。これは、「バランスのよい食事」の持つ潜在的な問題を端的に表していると思います。同時に、「食事バランスガイド」のコマで指摘した「菓子・嗜好飲料」のヒモ（楽しく適度に）を痛烈に批判するものです。このガイドを作成した側は、そしてその内容を信じて疑わない国立スポーツ機関や管理栄養士の人たちは、自らへの批判であることを果たして認識しているでしょうか？

前述の乳業メーカーの管理栄養士は、アスリートがスナック菓子を食べるべきでない理由について、原材料の問題や製造に伴う有害物質の潜在リスクなどについてはいっさいふれず、カロリー面（摂取エネルギーが多くなる）からしか説明していませんでした。さらには、ファストフード店でのメニューの選び方として「チーズバーガーなら炭水化物とタンパク質、カルシウムもとれる（からおすすめ）」などと、平気で言ってのける始末です。栄養学に関する国家資格を持つ人間として、しかもアスリートのコンディショニングをサポートする立場として、こんな低レベルのコメントしかできない自分が恥ずかしくないのでしょうか？

結局のところ、栄養素が体内でどのように利用されるか、それをふまえて栄養素の摂取源をどのように取捨選択すべきかという、いわば「生化学×栄養学」に基づくアウトプットの重要性が、彼らの頭の中ではイメージできていないのでしょう。管理栄養士になるには生化学の勉強も必須であり、それなりの知識は持っているはずなのですが、それを栄養学の分野に落とし込んだうえでアドバイスするというレベルには、大半のケースで至っていないわけです。これは、そのように教えない、あるいは教えることのできない学校側にも、大いに責任があります。

その結果、管理栄養士ではなくても誰でも知っていそうな、一般の人でも話ができそうなレベルの情報しかもたらされない、しかもそのことごとくが間違っているという、もはや手の付けられないような悪循環に陥ってしまっているわけです。

対照的に、こうした現状に疑問を抱き、悪循環から自力で抜け出して職務を全うしている、レベルの高い管理栄養士の方もいらっしゃることを念のためにお伝えしておきます。だからこそ、余計にもどかしいのです。

このように、「お国がつくった指針だから」と信用し、よかれと思ってそれを忠実に実践すればするほど、健康維持はおろか、健康状態の悪化を招くことにもつながりかねません。さらにはそれが、日本を代表するようなアスリートのコンディショニングにまで悪影響を及ぼしているとすれば、この国はいったい何がしたいのだろうかと思わざるを得ません。

有名サッカー選手の食事法も「あと一歩」

海外の強豪チームで長く活躍を続けている、とある日本代表のサッカー選手は、コンディショニングの一環として「食事」をとても重要視していることが知られています。

この選手はある時期から、頻繁に肉離れを起こしたり、試合中の集中力低下に見舞われたりしていました。そんな中で、これまで無頓着だった食や栄養の重要性に気づき、ドクターや専属のシェフと共同で「独自の食事法」にたどり着いたようです。

それは、血糖値の乱高下を防ぐように糖質の摂取量を制御しながら、良質の脂質（オメガ3）とタンパク質を十分に摂取するというものです。これによって全身の細胞をよみがえらせ、血流も改善し、肉離れを起こしにくい体づくりにつながるといいます。実際、彼はこの食事を実践するようになってからは筋肉のトラブルとも無縁で、年齢を重ねるごとにパフォーマンスや集中力が上がっている感じがするとのことです。

オメガ3に注目している点もさることながら、細胞レベルに目を向けている点などは非常に素晴らしいと思います。しかし残念なのは、真の意味で「細胞の環境を整える」ところまでは至っていない点です。さしずめ、合格ラインまであと一歩というところでしょうか。それは結局のところ、「三大栄養素を摂取すること」ばかりを重視してしまっているからです。「タンパク質＝肉や魚などの動物性食品からとるもの」という、よくある先入観からも抜け出せていないようです。

特に、この食事法では糖質とタンパク質と脂質の理想的な摂取比率（重量比）を「3：3：4」だとしている点が非常に気になります。糖質が「3」というのはあまりに少なすぎるからです。この食事法は、いわゆる「緩やかな糖質制限」を目指しているわけですが、「3」では全く緩やかとはいえませんし、ずっと続けていると、コンディショニングに何らかの悪影響が出てしまうことも懸念されます。なお、糖質制限の問題点と解釈のポイントについては、第4章で詳しくふれたいと思います。

また、この食事法を監修したドクターは、「糖代謝（糖質を体内で適切に利用するためのプロセス）の得意・不得意が人によって異なる」という重要なポイントにまでしっかり踏み込んでいるのにもかかわらず、さまざまなミネラルやビタミンが糖代謝に不可欠であることについては全く言及していないのが、何とももったいないところです。ここでもやはり「あと一歩」という印象がぬぐえません。

それに、たとえミネラルやビタミンにはふれないとしても、「糖質をどんな食材から得るか」ということに注意してさえいればいいだけの話であり、そうすることで、過剰摂取の心配も、血糖値の乱高下の心配もなくなります。

この食事法については、この選手の著書や出演したテレビ番組などでも紹介されたため、皆さんの中にもご存じの方がいらっしゃるかもしれません。しかしこれは、確固たるスポーツ栄養学がアスリートに浸透していない現状、あるいはスポーツ栄養学といわれるものが全く機能していない現状を、如実に物語るものです。現にこのサッカー選手のように、世界で活躍するトップアスリートでさえ、個人レベルで暗中模索しているわけですから……。

いずれにせよ、世間のスポーツ栄養学がことごとく問題だらけであることを、皆さんにも少しは分かっていただけたのではないかと思います。

細胞の環境を整えるために、「何をどう食べるか」を見極める

私が皆さんにお伝えしたいのは、「できる限りリスクの低い食べ物や食べ方を見極める力をつけよう」ということです。それは最終的にハイリターン——パフォーマンスの向上——につながるからです。そのためには大前提として、タンパク源、脂質源、炭水化物源となる食品の「質」を常に重視する必要があります。同時に、「タンパク質＝筋肉をつくるもの」「糖質と脂質はエネルギー源」などという短絡的な発想からも、いち早く抜け出すべきです。

なぜなら、どんな種類や種目のスポーツであっても、競技のときに必要となるのは「筋肉」と「エネルギー」だけではないからです。ほかにも、呼吸器系、循環器系、骨格系、神経系、消化器系、免疫系、内分泌系……といったように、アスリートの心と体を形づくるあらゆる要素を集約させ、最大限の力を発揮する必要があります。

ここでいう「あらゆる要素」とは「全身の細胞」のことです。私たちの体は、体重1kgあたり約1兆個の細胞で成り立っているといわれています。60kgの人では約60兆個ということになります。でも、それぞれの細胞のことを個別に考える必要はありません。なぜなら、体のどの部位を構成する細胞であっても、彼らが快適だと思う環境や不快に感じる環境は共通しているからです。そして、環境さえ整えれば、それぞれの細胞がそれぞれの役割の中で最善の働きをしてくれるからです。

ここでいうところの「環境」とは、私たちの食環境や生活環境といったマクロ目線の環境と、ひとつひとつの細胞の周囲や細胞の内側の環境、すなわちミクロ目線の環境の両方を意味します。そしていずれの環境も、遺伝子レベルで細胞の機能を大きく左右します。一般に、遺伝的要因は生涯変わることはないと思われていますが、実際には、遺伝子は日夜変化し続けていて、特定のスイッチがOFFになったまま人生を過ごすか、どんどんONに切り替わって潜在的な生命力が開花していくかは、こうしたマクロとミクロの環境のよしあしにかかっているのです。このあたりは第7章で詳しくお話しすることにしましょう。

環境さえ整えれば、細胞たちが万事うまくいくようにやってくれる。後は細胞たちに任せればいいだけ――。皆さんは今までこんなふうに、自分の体のことを捉えたことがないかもしれません。あるいは、「何をわけの分からないことを言っているんだ⁉」とさえ思っているかもしれません。でも、これは事実です。これが「細胞の環境を整える」ことの本質です。食に関して皆さんが全身の細胞たちに対してできることは、「何をどう食べるか」を常に考え、その取捨選択の力を研ぎ澄まして行動に移すことだけです。

「バランスのよい食事」の問題に関する話の中でご紹介したアメリカの研究では、「最も健康的な食事をとっている人は、実際には、比較的小さな範囲の健康的な食品を摂取している」と結論付けています。また、この傾向は、白人系、黒人系、ヒスパニック系、アジア系という、さまざまなルーツを持つ人たちにおいて共通してみられるものでした。この2つのポイントは、「超人をつくるアスリート飯」を考えていく上でも大きなヒントとなります。

では、そのお手本となる素晴らしいアスリートたちを紹介していくことにしましょう。

第2章

ゲーム・チェンジャーズ

～食の大変革をもたらす世界のアスリートたち～

アメリカのドキュメンタリー映画が教えてくれる真実

２０１８年にアメリカで公開された映画『The Game Changers』は、さまざまなスポーツの最前線で活躍するアスリートを追った作品です。しかし、単なるスポーツドキュメンタリーではありません。登場するアスリートは全て「植物性主体の食事」を実践しており、それがいかに優れたパフォーマンスをもたらすかについて、異口同音に語っているのです。

この本を書いている時点で、日本ではインターネットの動画配信と、無料の予告編映像（トレーラー）を見ることができます。この作品の斬新さや独自性は予告編だけでも大いに伝わってきますので、主なポイントを紹介しておきましょう。

予告編の最初に登場するのはアーノルド・シュワルツェネッガーです。ボディービルダー時代の映像と共に、当時は肉ばかり食べていたというエピソードが伝えられます。アメリカのテレビＣＭでも「ステーキこそが男のメニュー」「真の男は肉を食べるものだ」と盛んに宣伝され、彼自身もそう信じていました。しかし今の彼は「それは単なる宣伝文句で現実ではない」と言い切ります。

次に登場するのは総合格闘家のジェームス・ウィルクスです。これまでに軍隊などで15年以上も格闘技術を指導してきたという彼は、あるとき大ケガを負い、半年間も指導ができない状況になります。そんな中で彼が選んだのは、回復に最適な栄養学とリハビリの勉強でした。その際に、古代ローマの剣闘士の多くが菜食だったことを知り、彼らが植物性食品だけで強靭な肉体を誇った真相を探究していくようになるのです。

場面が変わり、パワーリフティングでアメリカ最強とされるケンドリック・ファリスは「菜食に替えたら3度目の代表に選ばれた」と切り出し、「記録も塗り替えた」「早く菜食にすればよかった」と続けます。実際に彼は2014年に肉や卵をやめてから、国内新記録を樹立しました。

続いて「選手として生き残れるのか不安だった」と語るのは、自転車競技で何度も全米チャンピオンとなり、2012年のロンドン五輪で銀メダルを獲得したドッチィ・バウシュです。そんな彼女も今では菜食のアスリートとして、「でも今は機械のような体よ」と自信をみなぎらせています。

さらに、「回復も早くなった」「この15年で最高のシーズンだ」と話すのは、元NFLテネシー・タイタンズのデリック・モーガンです。彼はすでに現役を引退しましたが、同チームでは彼の影響を受けて「14人が菜食に替えた」と言っています。

元NFLの選手で現在はプロアスリートのトレーナーをしているというルー・スミスは、「同世代は孫についていけない。私の場合は逆だ」と意気揚々です。ちなみに彼は、すでに還暦を過ぎていますが、年齢を感じさせない筋肉隆々の姿を映画で披露しています。

この映画では、こうした数々のトップアスリートたちが「ゲーム・チェンジャーズ」として紹介されているのです。

あらゆる競技に役立つ「植物性主体の食事」

ゲーム・チェンジャー（game changer）は、まさに文字通り、試合の流れを一気に変えてしまうような活躍をするアスリートのことを指します。そこから転じて、大変革をもたらすような人物や物事という意味もあります。この映画では、自身の食の改革を通じて目覚ましい活躍を示しつつ、「アスリートは肉を食べないとパワーが出ない」という、慣習的なスポーツ栄養学の〝常識〟に一石を投じるトップアスリートたちに対し、尊敬と称賛を込めて、ダブルミーニングで「ゲーム・チェンジャーズ」と呼んでいるわけです。

先ほどご紹介した、ボディービルディング、総合格闘技、パワーリフティング、自転車競技、アメリカンフットボールのほか、陸上短距離やウルトラマラソン、トライアスロン、ボクシング、モータースポーツ（F1）に至るまで、さまざまな競技のトップアスリートが映画に登場します。そこからは、瞬発系も持久系も、男女や人種も関係なく、あらゆるアスリートのスポーツコンディショニングに「植物性主体の食事」が役立つことが、ひしひしと伝わってきます。まさに「論より証拠」です。

それに加えて、世界各国の学術機関や医療機関の専門家も登場し、植物性主体の食事のメリットを科学的に説明しているのです。その説得力たるや、もはや「向かうところ敵なし」といったところです。ちなみにそこには、私の著書『トランス脂肪酸から子どもを守る』（共栄書房）でも何度もご紹介した、栄養学の世界的権威であるハーバード大学のウォルター・ウィレット博士も名を連ねています。

また、『アバター』や『ターミネーター』などで有名な映画監督のジェームズ・キャメロンのほか、前述のシュワルツェネッガー、F1レーサーのルイス・ハミルトン、そしてテニスプレーヤーのノバク・ジョコビッチといったそうそうたる顔ぶれが、この映画の製作責任者を務めています。彼らもみんな、植物性主体の食事を支持する「ゲーム・チェンジャーズ」です。

植物性主体の食事は、動物性食品をほとんどもしくは全く含まず、穀物や豆類、野菜や果物、種実類などが豊富で、総じて精製・加工の度合いが低い健康的なものを意味します。精製穀物や砂糖などが多いものでは、いくら植物性主体であっても健康的ではないのは言うまでもありません。

映画の予告編の後半では「菜食はパフォーマンスを向上させるだけでなく、心臓病や糖尿病も改善する」「(そのメリットは)万人共通だ」というコメントも紹介されます。アスリートのパフォーマンスだけでなく一般の人にも有益であるのは半ば当然のことなのですが、予告編では、多くのトップアスリートが健康面に問題を抱えながら競技している現状も浮き彫りになっています。そして、その大きな要因のひとつが「間違った食事」であることは容易に想像できます。悲しいかな、やはり慣習的なスポーツ栄養学は、アスリートのコンディショニングに悪影響をもたらしてしまっているケースも少なくないと考えられるわけです。

「肉食系アスリート」も実は「草食系」

この映画は全体を通じて、「肉を食べないと筋肉は増強しない」という一般的な先入観を真っ向から打ち砕く内容ではあるのですが、何といっても説得力があるのは、ボディービルディングやアメフトなど、筋肉隆々の「肉食系アスリート」たちのエピソードではないでしょうか。特に、アメリカ最強のパワーリフティングの選手が実は「草食系」だったことや、「草食系」になってから新記録を打ち立てたという事実は、多くの人が衝撃を受けるのではないかと思います。

さらに映画では、世界最強と称されるパワーリフティングの選手も登場します。ドイツのパトリック・バブーミアンで、見るからに筋肉の鎧をまとったかのような風貌ながら、彼もまた「草食系」のアスリートなのです。

この選手はまず、肉類や魚介類を食べないベジタリアン食を実践した後、卵や乳製品なども含めて動物性食品をいっさいとらない完全菜食（ビーガン食）に切り替えました。するとそこから世界記録を4回も更新するという偉業を成し遂げたのです。実は彼自身も、ビーガン食を開始した当初は「動物性食品を全くとらなくなったら、パワーが落ちてしまうんじゃないだろうか……」という一抹の不安があったそうです。ところが実際には、むしろさらにパワーアップし、治癒力が高まったという実感も得ることで、「草食系」の効果を確信することとなりました。今では「動物性食品をとらないと栄養のバランスが崩れるなんて、作り話にすぎない」

とまで言い切ります。

映画の中で彼は「なぜ肉を食べないのに牡牛並みに強いのか聞かれる。でも牡牛は肉を食べないだろ？」と話すシーンがあります。この言葉が全てを象徴しているように思います。

ところで皆さんは、地球上で最強の動物が何か、ご存じでしょうか？　百獣の王ライオンでしょうか？　それともトラでしょうか？　あるいはクマでしょうか？

あるテレビ番組で、野生動物の専門家らにアンケートをとり、ランキング形式でベスト20に入ったさまざまな動物の名前が挙げられていく中、第1位は「ゾウ」でした。何トンにも及ぶ巨体で圧倒的な力を誇るゾウを相手にしては、獰猛な肉食動物でも到底かないません。そして、そんなゾウも「草食系」、しかも完全菜食の「ビーガン」なのです。

草食動物のゾウと雑食の人間を一緒にしてはいけないという思いが一瞬よぎった人でも、その前に数々の「ゲーム・チェンジャーズ」のエピソードがあったことをすぐさま思い出すことでしょう。彼ら生き証人たちの姿は雄弁そのものです。

「人とは違うことをする」という選択

ここで、陸上の短距離界と長距離界で活躍する二人の「ゲーム・チェンジャーズ」を、それぞれ紹介しておきましょう。

オーストラリアで陸上女子４００ｍのチャンピオンとなったモーガン・ミッチェルは、パフォーマンスの向上を目指してビーガン食に切り替え、見事に成功したわけですが、それ以来、肉の多い食事をとっていた頃には常に悩まされていたという扁桃腺炎とも無縁になり、朝の目覚めも爽快になったといいます。扁桃腺炎は発熱や頭痛、倦怠感などの症状を伴うため、彼女のコンディショニングに少なからず悪影響を及ぼしていたことでしょう。また、以前は体重管理に苦しんでいたものの、今では容易にベスト体重を維持できているとも述べています。

彼女は映画の中で「ライバルとは違うことをする」と語っていました。一般的には、ライバルに差をつけようとトレーニングの量を増やしたり方法を変えたり、トレーニング前後のストレッチやケアを入念に行ったりするケースが圧倒的に多いのではないかと思いますが、彼女の場合、たとえ差ができたとしても、これではいずれ追い付かれるだろうと悟ったのでしょう。そこで「差をつける」ではなく「違うことをする」という選択として、最終的には食の大改革に着手したというわけです。

もう一人はウルトラマラソンのアスリートです。ウルトラマラソンは、フルマラソンの42㎞より長い距離を走破する競技で、100㎞マラソンや24時間マラソンのほか、数日間の大会や大陸横断などの大会も開催されています。そんな競技のレジェンドとして名高いアメリカのスコット・ジュレクも、「ゲーム・チェンジャーズ」の一員として映画に登場します。

彼は幼少のころから野菜嫌いで、ファストフードなどもよく食べていました。しかし学生時代にインターンとして働いた病院で健康の大切さに気づき、自らの食事も見直すことにしたのです。肉、魚、卵、牛乳や乳製品と、1年半かけて動物性食品を徐々に減らしていき、最終的にはビーガン食を行うようになりました。好物だという牛乳をやめるのには、かなり難儀したそうです。

とはいえ、彼の場合はその捉え方が独創的です。というのも、「食べてもよいものを淘汰していく」のではなく、「今まで食べたことがないものを取り入れていく」というポジティブな考え方で、楽しみながら取り組んでいったからです。

その結果、体が自然に絞れたほか、肌つやがよくなって外見が若返ったり、走った後の疲労回復が早まったりしたといいます。また、筋肉や関節のトラブルも少なくなり、「40代になった今も現役で走れるのは食事のおかげだと思う」と話しています。

この二人は「人とは違うことをする」という発想や視点が共通しています。また、彼らが改めて教えてくれるのは、アスリートも健康であってこそ実力を発揮できるのだという事実です。これは当たり前のように思えて、意外に見落とされているポイントかもしれません。全てのアスリートに、彼らのような柔軟な姿勢を学んでほしいものです。

欧州サッカー界は「ゲーム・チェンジャーズ」の宝庫

映画には登場しないものの、ヨーロッパのサッカー界でもたくさんの「ゲーム・チェンジャーズ」が活躍しています。そこには、世界的なビッグクラブに所属する有名選手も数多く名を連ねているのです。

例えば、イギリス（イングランド）1部リーグでは、マンチェスター・ユナイテッドFCをはじめとする強豪チームの選手たちの間で、ビーガン食がある種のブームのようになっています。彼らが口を揃えるのは「回復スピードが上がった」「ケガが少なくなった」ということです。こうした「生の声」をきっかけに、クラブハウスではビーガンメニューが提供されるようになったり、そのメニューが人気ですぐになくなったりしてしまうなど、チームや他の選手にも広く影響を及ぼしているようです。

スペイン1部リーグのFCバルセロナで長年にわたって大活躍を続け、サッカー史上最高の選手と呼ばれているリオネル・メッシの名前は、サッカーファンでなくても一度は見聞きしたことがあるでしょう。そんな彼でもスランプに陥り、体調不良に見舞われた時期がありました。そこで選択したのがビーガン食の実践だったのです。その後の彼は再び優れたパフォーマンスを発揮するようになったばかりか、ケガを防ぐことにも成功しているといいます。史上最高の選手がコンディショニングを適切に行えば、もはや鬼に金棒です。

また、多くのクラブがチーム単位で食事の改善に取り組んでいるのが、ドイツのサッカー界です。

あるクラブチームでは、合宿中に提供するメニューから肉や砂糖を排除し、パンやパスタはグルテンを含まない（小麦粉を利用しない）ものに替えているといいます。グルテンの問題は後の章で述べますが、それ以来、チームは好調を維持し、2部リーグから1部に昇格後も好成績を収めるに至っています。

1部リーグの別のチームでは、「動物性食品は炎症を助長し、ケガのリスクを高める」という理由で、肉のメニューを出す頻度をこれまでよりも減らし、乳製品を出すのもやめました。また、やはり小麦粉の代わりにソバや古代小麦の粉を使ってグルテンフリーも実践しています。こうした食事に替わってから、選手たちは体のキレを実感しているといいます。

何といっても象徴的なのが、強豪ボルシア・ドルトムントの取り組みです。精白小麦粉やバター、砂糖をできるだけ控え、全粒粉のパンやパスタを食べるよう選手たちにアドバイスしているほか、炎症を抑える目的で、亜麻仁油などの高オメガ3油を推奨しています。これによって多くの選手の健康状態が向上したとのことです。

取り組みはまだ他にもあります。このクラブではトップチームだけでなく、若手の育成を目的とした下部組織でも食事を重視し、「子どもの時期の食事でトップチームでのケガを減らせる」ということで、なんとジュニア世代の保護者に対しても、食や栄養の知識を身につけるよう促しているのです。その一環として本まで出版していて、ファストフードやフライドポテトに「レッドカード」を示したり、砂糖やマーガリンをできるだけ避けるべきと伝えたりしています。「ファストフード店ではチーズバーガーを選びましょう」などと推奨する、どこかの国の管理栄養士とは、まさに雲泥の差です。

イギリスにはビーガンのサッカークラブがある

クラブ全体で「草食系」を徹底しているという、世界初の事例もあります。それは、イングランドのサッカーリーグに所属する、フォレスト・グリーン・ローバーズFCというアマチュアのクラブチームです。

このチームの本拠地のスタジアムでは、観客向けの売店で動物性食品がいっさい販売されておらず、選手に提供される食事もビーガン食が徹底されています。利用される食材も全て地元産の無農薬栽培です。新たに就任したチームの現会長がビーガンであるのが、そのきっかけだったようです。就任後、選手の食事メニューから肉がなくなり、続いて魚や乳製品も外され、現在では完全なビーガン食に切り替えられたといいます。

当初はこうした取り組みに批判的な意見もあったようですが、選手たちのケガが少なくなるなどの変化がみられるとともに、常連だった5部リーグから、見事4部への昇格も果たしたのです。

さらにこのクラブは、ビーガンの食品会社を設立し、イギリス全土の学校給食や大学の学生食堂にビーガンメニューを提供しようと計画しています。健康や運動パフォーマンスに対する食べ物の影響について、子どもや若い世代と共に考えていくのが計画の目的とのことで、今後は、他のサッカークラブや他のスポーツ施設にも販売していくようです。

それだけではありません。学校や地域を対象にした、食や健康、スポーツに関する教育プログラムも実施していて、ビーガン食の健康情報や調理方法などを伝えているとのことです。人口6千人ほどの町のアマチュアクラブとは思えないほどのビジネス手腕であり、その内容についても、総じて素晴らしい取り組みだと思います。

ちなみに、このクラブの会長はクリーンエネルギー推進企業の創業者ということもあり、太陽光発電で敷地内の設備の電力をまかなったり、新たなスタジアムがほぼ木材で建設されていたり、雨水を集めてピッチの芝の散水に利用されたり、ピッチの芝も無農薬で栽培されていたりといったように、スタジアム全体がエコロジー精神あふれるものになっています。ビーガン売店の売り上げも以前の4倍に増加し、サポーターやスポンサーが減ることもなく、経営も順調にいっているようです。

そもそも、最初は栄養学的な観点だけでなく、むしろ環境への配慮や動物愛護の観点からビーガン食に切り替えるアスリートも多いわけですが、このクラブが1部リーグにまで上り詰めるようなことがあれば、ヨーロッパのスポーツ界のみならず、世界中のあらゆる人に多大な影響をもたらすことになるでしょう。いずれにせよ、今後の活動が非常に楽しみです。

日本では「柔軟な草食系」を実践しやすい

ここまでお読みになった皆さんは、ビーガンや菜食に対する認識がかなり変わったのではないでしょうか。なんとなくヘルシーなイメージはあったけれども、一般の人ならともかく、まさか世界の多くのアスリートたちがさまざまな競技において、コンディショニングの柱として植物性主体の食事を実践し、それぞれの競技でパフォーマンスを向上させているなんて——。

とはいえ、皆さんが今日からすぐに100%ビーガン食に切り替えるというのは、かなりハードルが高いかもしれません。特に、家族と一緒に暮らしている人の場合、毎日の食事が家族全員の食事に影響しうるわけですから、すんなりとは受け入れられない場合もあるでしょう。

そこで現実的な方法としておすすめするのが、「柔軟な草食系」という選択肢です。要は、毎日・毎食ではなくても、まずは週に何回かは植物性主体の食事を意識してみましょうということです。実際、海外でも「パートタイム・ビーガン」(part-time vegan＝特定の時間帯だけビーガン食をとる)というスタイルが流行しています。あるいは「フレキシタリアン」(flexitarian)という言葉もほぼ同じ意味です。フレキシブルとベジタリアンを組み合わせた造語で、ベジタリアン食を柔軟に取り入れましょうという趣旨です。

先ほどのビーガンのサッカークラブも、1日の食事全てにおいてビーガン食を強要しているわけではありません。クラブ内で提供する食事以外は、それぞれの選手の判断に委ねているようです。だからこそ、選手たちにも受け入れられているのだと思います。

とはいえ、私はビーガン食や植物性主体の食事の全てを認めているわけではありません。むしろ、「植物性でありさえすればよい」といったような偏った解釈で食事が構成されているなど、とても推奨できないような内容のものも散見されます。例えば、ビーガン用として肉類のさまざまな代用品が出回っていますが、その中には、むしろ健康を害するのではないかというような代物もあります。そもそも、肉の食感や風味を真似てまで「代用品で我慢する」というほど肉が食べたいのであれば、肉の摂取頻度と摂取量をきちんと自己管理したうえで「柔軟な草食系」を実践したほうが、身体面でも精神衛生上も、よっぽど健康的だと私は思います。

また、海外のビーガン食などを見ていると、日本では手に入らないような珍しい食材を使っていたり、非常に手の込んだ調理法であったり、見映えが華やかであったりします。まるで、こうした食材や調理法を用いないとビーガン食とは認められないとでも言わんばかりで、実際、このような誤解を招いている恐れもあるわけです。これからご紹介していきますが、いくら草食系／植物性主体とはいえ、その中身が非常に重要です。何をどう食べるかの選択を間違ってしまうと、むしろ不健康な食事にもなりかねませんし、食事の準備自体が大きな負担になってしまうようでは本末転倒です。

その一方で、あるべき方向に向かっていると思えるケースもあります。世界の草食系アスリートの多くが最終的に「日本の伝統食」を選んでいることなどは、その最たる例です。

前述したウルトラマラソンのレジェンドはアメリカ出身ですが、「今まで食べたことがないもの」として、玄米や豆腐、味噌といった日本の食材を選択し、こうした、彼にとっての「エスニックな食べ物」を楽しみながら取り入れていました。日本食が世界的なブームになっているとはいえ、欧米のアスリートにとっては、このような和の食材を中心に毎日の食事を構成するというのは、まさに大変革でしょう。しかし逆に言えば、日本で生活している限り、「草食系」になるうえで大きな変化が必要なわけではなく、比較的容易に実践できる環境がもともとあるのだということを意味します。「柔軟な草食系」ならなおさらです。

皆さんも「ゲーム・チェンジャーズ」に仲間入りできそうな気がしませんか？

ここからは、なぜ良質な植物性主体の食事がアスリートのコンディショニングに役立ち、さらにはパフォーマンスを向上させるのかについて、詳しく掘り下げていくことにしましょう。

第3章

肉食至上主義からそろそろ卒業しよう

肉を食べなかった「ミスター・フィットネス」と「史上最高のスイマー」

第2章で登場したアスリートたちに限らず、世界のスポーツ界ではもっと昔から数多くの「ゲーム・チェンジャーズ」が活躍していました。ここで、その代表的な二人を紹介しておきましょう。

その一人がゲーリー・プレーヤーです。ゴルフの愛好家でなくとも、彼の名前を一度は見聞きしたことがあるのではないかと思います。彼は、1950年代から1970年代にかけて、アーノルド・パーマーやジャック・ニクラスと並んで世界3強と称された、南アフリカ出身のプロゴルファーです。

今はすでに80歳を過ぎていますが、70代の頃は精力的にシニア大会にも出続け、現役時代は「ミスター・フィットネス」と呼ばれるほど筋力トレーニングに打ち込んでいました。そんな彼は大の日本びいきでも有名で、日本のゴルフ雑誌のインタビューで次のような話をしています。

《鍛えることより、何を食べるかのほうが大事。バターはダメ、アイスクリームはダメ、肉はダメ。（中略）ミルクもドク（毒）ね。ピザ？　ドク！　動物性たんぱく質はダメ》

《フルーツ。豆腐。それに野菜をたくさん。ブロッコリー、にんじん、アボカド。（中略）私は日本のあなたがたのおじいさん、おばあさんが食べていたようなものを食べる。だから元気。日本も昔は長寿国だったのに、最近はハンバーガーとかアイスクリームとか、アメリカンフー

ドが増えて、どんどん太って病気がちになっている》

彼は、体に悪いと判断した食べ物に対し、日本語で「ドク」と呼んでいます。「ミスター・フィットネス」というニックネームを持つほどのトレーニングの虫が、やはり肉や乳製品を否定しているわけです。

もう一人は、1960年に開催されたローマ五輪の男子競泳で金メダルを3個も獲得するという歴史的快挙を成し遂げた、マレー・ローズというオーストラリアの選手です。幼い頃は虚弱だったという彼は、父親の指導の下で食事の改善に取り組みました。いっさい肉を食べず、牛乳も飲まずに、未精製の穀物や海藻類、豆類、種実類を積極的にとるという食事を通じて劇的に健康を取り戻していき、さらには「史上最高のスイマー」の称号を得るまでになったのです。

今から半世紀も前に、彼らのような「ゲーム・チェンジャーズ」のパイオニアたちがすでに大活躍していたことを、まずは知っておいてください。

肉がそのまま人間の筋肉になるわけではない

ここからは、主に肉などの動物性食品とタンパク質、そしてタンパク質の摂取源について、さまざまな角度から見ていきたいと思います。動物性食品やタンパク質に対する世間一般の誤解や先入観についても、ひとつずつ指摘・解説していきます。そのうえで、「どんな食べ物をタンパク源にすべきか」についてお伝えします。

すでに前述の「ゲーム・チェンジャーズ」がその答えを示しているようなものではありますが、それでも皆さんは、「動物性食品もとったほうがいいんじゃないの?」という疑問が頭から離れないことでしょう。

そもそも、「アスリートは特に、肉を食べないとパワーが出ない」と思われがちであるのは、その根底に「筋肉はタンパク質でできている」→「動物の肉も筋肉」→「筋肉をつけるには筋肉を食べるのが最善」などという、あまりに短絡的な発想があるような気がします。

まず、動物の肉を食べたらそのまま人間の筋肉になるというわけではありません。動物の肉(筋肉組織)は筋細胞が束状に集まってできていて、筋細胞の中には、筋肉の収縮・弛緩にかかわる種々のタンパク質がぎっしり詰まっています。とはいえ、こうしたタンパク質以外にもさまざまな成分(栄養素)が組み合わさって1個の筋細胞が成り立っています。その集合体が筋肉組織、すなわち「肉」なのです。肉はタンパク質だけでできているわけではありません。当たり前のようで、意外に見落とされているのではないでしょうか?

こうした基本的な構造自体は、動物の肉も人間の筋肉も同じなのですが、肉を食べると胃や腸で消化され、肉を形づくっていたさまざまな栄養素がバラバラになって、人間の体内に吸収されます。吸収された後は全身の細胞に届けられ、それぞれの細胞の構造や活動の材料として利用されるわけです。この際、向かう先は筋肉だけでなく、頭のてっぺんから足のつま先まで、全身の細胞だということを忘れてはいけません。肉を食べたからといって、その全てが人間の筋肉に集中して利用されるわけではないのです。

見方を変えれば、さまざまな食品から得たさまざまな栄養素が、全身を構成する細胞の一環として、筋肉の細胞にも均等にもたらされることになります。だからこそ、筋肉をつけるために肉を食べる必要などないのです。いたって単純な話です。

筋肉だけがタンパク質を必要としているわけではない

次に、タンパク質という栄養素は、筋肉をつくるためだけに必要というわけでもありません。食事から得たタンパク質は消化を経て、アミノ酸や、アミノ酸がいくつかつながった物質（ペプチド）に分解・吸収されて、血液を介して細胞に運ばれ、今度は人間用の材料として使われるわけですが、やはりその行き先は筋肉の細胞だけではありません。全身の細胞がアミノ酸やペプチドを必要としています。

なぜなら、私たちの体の中で働いているタンパク質やアミノ酸、ペプチド（ひとまとめに「人間用タンパク質」とします）は、筋肉の収縮・弛緩以外にも実に多種多様な役割を果たしているからです。例えば、細胞の中で何かをつくり出したり分解したり、別のものに変えたりするためにさまざまな化学反応が起こっていますが、この化学反応を効率よく行うためのタンパク質が「酵素」です。体内の環境を一定に保つために分泌されるホルモンにも、アミノ酸を材料としているものがたくさんあります。また、血液中で物質を運搬する役目や、細胞で物質を受け取ったり出入りさせたりする役目、細胞と細胞の間で情報を伝える役目、物質を認識する役目など、目に見えない無数の「人間用タンパク質」がつくり出され、それぞれの任務を全うしています。

これは、人間以外のどんな生物でも同じです。動物でも植物でも、人間と同じようにそれぞれの生物用のタンパク質やアミノ酸、ペプチドが働いています。私たちが何を食べるということは、こういった各々の生物が体内で利用している種々の成分（栄養素）を自分の材料として取り込むということであり、動物性であれ植物性であれ、無意識のうちにさまざまな食べ物からまんべんなく、タンパク質やアミノ酸、ペプチドを摂取し、それを人間用につくり替えているわけです。

このように、食事から得たタンパク質やアミノ酸、ペプチドは、「人間用タンパク質」につくり替えてこそ、初めて意味をなすものであり、「人間用タンパク質」をいかに正しくつくり出し、そして正しく働かせるかが、タンパク質を論じる際に最も重要で基本的なポイントです。少し難しかったかもしれませんが、いずれにせよ、これからは「筋肉のためだけにタンパク質をとる」という発想を捨て去ってください。

肉のタンパク質に依存する必要はない

続いて知っておいていただきたいのは、「肉のタンパク質に依存する必要はない」ことです。ただでさえ「肉＝タンパク質のかたまり」だと思い込んでいる人が多いでしょうから、ここからはもう少し栄養学的な（食べ物としての）視点から、肉を見ていきましょう。

世間では、肉といえばタンパク源として欠かせないものというイメージが一般的です。その根拠としてよく見聞きするのが「アミノ酸スコア」という言葉です。体内で合成できず、必ず食べ物から得なければならない必須アミノ酸の含有バランスを食品ごとに数値化したもので、100が最大となっています。これに当てはめると、肉類のアミノ酸スコアは総じて高い部類に入るのは事実です。

しかし、アミノ酸スコアを比較すると、肉と同等か、あるいは肉より優れている食品があります。それは「魚」です。つまり、タンパク源を特定の食べ物に限定するのであれば、魚を食べていれば肉を食べる必要はないことになります。とはいえ、タンパク源を特定の食べ物に限定する必要もありません。たとえ単体ではアミノ酸スコアが高くない（特定の必須アミノ酸の含有量が少ない）としても、複数の食べ物を組み合わせるだけで、こんな問題は簡単に解決するからです。

例えば、コメと大豆の組み合わせは、肉や魚などの動物性食品に勝るとも劣らないタンパク源となります。大豆にタンパク質が多いことは世間でもよく知られているかと思いますが、実

図2　コメ＋大豆で必須アミノ酸をカバーできる

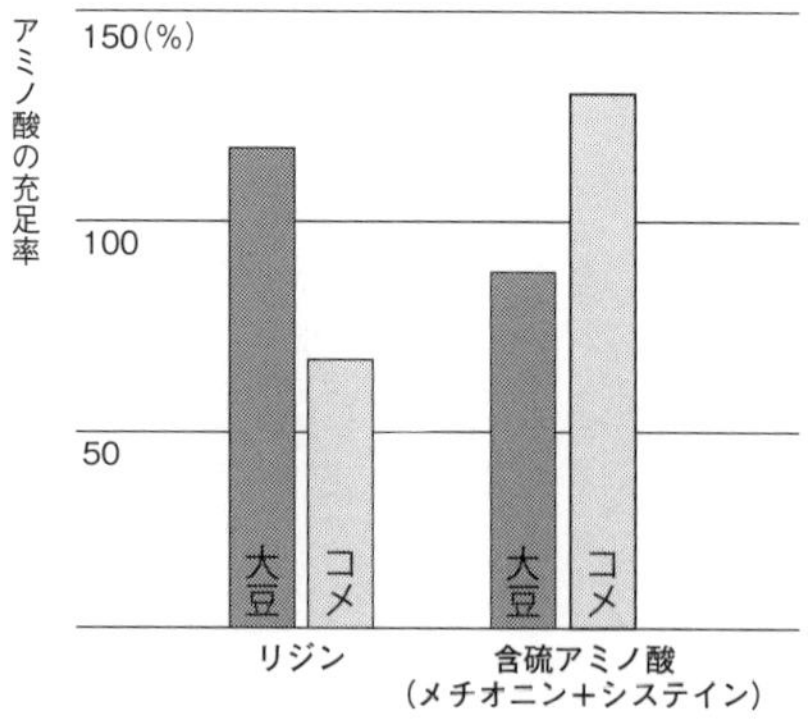

はコメも立派なタンパク源になるのです。「コメ＝炭水化物（源）」という世間の認識も、あまり正確ではないということです。

コメ単独や大豆単独のアミノ酸スコアでは動物性食品を下回りますが、コメと大豆にそれぞれ不足している別々の必須アミノ酸をお互いがうまくカバーしあうため（**図2**）、一緒に食べればいいだけの話なのです。

さて、必須アミノ酸の含有バランスが解決したところで、肝心の「タンパク質の量」についても言及しておかなければなりません。

肉に含まれるタンパク質の量は、実は全重量の2割程度にすぎません。100g食べても20gほどです。最も多いのは水分で、全体の約7割を占めます。これに対し、乾燥大豆のタンパク質の含有量は3～4割です。もちろん、1回でどのくらいの量を食べるかにもよりますが、少なくとも、「肉＝タンパク質のかたまり」という先入観を振り払うには、十分な数字ではないでしょうか。

前述のように、筋細胞はタンパク質以外にもさまざまな成分が組み合わさって成り立っていること、これは人間の体でも動物の体でも同じであることを、もう一度思い出してください。

タンパク源の4分の3は「食事以外」のものだった！

ところで皆さんは、その摂取源が何であれ、タンパク質は必ず食事からとらなければならないと思っていませんか？　ちなみにここでは、いわゆるプロテイン製品やサプリメントなども食事に含めて考えてください。それでもやはり、「食事からとるもの」という考えは揺るがないという人が、圧倒的に多いはずです。では、それも覆すことにしましょう。

一般に、大人が1日に摂取すべきタンパク質の量は「体重1kgあたり1g」が望ましいとされています。60kgの人なら60gほどです。実際、日本人の平均摂取量も1日60g程度だといわれています。ちなみにこれを全て肉でまかなおうとすると、1日300gも食べなければならないことになります。アスリートでも1日300gの肉を食べ続けている人はほとんどいないでしょうから、毎日の食事の主要タンパク源は肉ではないこと、さまざまなものからまんべんなくとっていることが、こんなところからも透けて見えます。

一方で、体内で新たにつくり出される「人間用タンパク質」の量は、1日になんと230g以上にも及ぶといわれています。平均摂取量が60gなのに、合成量は230g——。これはいったいどういうことでしょうか？　残りの170gは、いったいどこから調達しているのでしょうか……？

正解は「自分の体」です。つまり、「人間用タンパク質」として働いていたものがリサイクルされることによって、合成量全体の4分の3ものタンパク質がまかなわれているのです。ちなみに170gの内訳としては、「腸由来」のものが70g、「体内由来」のものが100gほどだとされています。具体的には、腸壁から剥がれ落ちた細胞内のものや、消化の際に分泌・利用された消化酵素などが「腸由来」で、筋肉や血液、ホルモンなどを構成していたものが「体内由来」です。なお、「腸由来」にはさらに別の大きな要素があるのですが、これは第5章でお話しすることにしましょう。

ところで、「腸由来」のタンパク質は、食べ物と同じように消化されてアミノ酸やペプチドになり、腸壁からの吸収を経て血液中に取り込まれ、再び体内で利用されるわけですが、腸を経由しない「体内由来」のタンパク質は、いったいどこでリサイクルされるのでしょうか？その答えは、「全身の細胞内」です。しかも、不要になった「人間用タンパク質」をいったん分解してから用途に応じてつくり直すという作業が、ひとつひとつの細胞の中で行われているのです。つまり、細胞の中にも胃や腸と同じような「小さな消化器官」が存在すると考えてください。これだけでも、細胞って本当にすごいと思いませんか？　驚異の世界だと思いませんか？

こうしたリサイクルの仕組みが私たちの体に備わっていることを知れば、「ゲーム・チェンジャーズ」が肉を食べなくても何ら問題なかったこと、むしろコンディショニングやパフォーマンスが向上したことも、まったく不思議ではありません。要は、このリサイクルがとてもスムーズに行われていたことが、彼らを「ゲーム・チェンジャーズ」たらしめる要因だと考えられるわけです。彼らの食事には、このリサイクルの仕組みがスムーズに働くためのさまざまな栄養素が、ぎっしり詰まっているのだということです。

だからこそ、タンパク質を摂取することよりも、いかに正しく利用し、正しくつくり出し、そして正しく機能させるかのほうが、はるかに重要なのです。こうした話は、若い世代のアスリートの方々には少し難しいかもしれませんが、そのために必要なのが、アスリートのコンディショニングをサポートする人たちの理解力と「伝える力」です。アスリートには「タンパク質をしっかりとろう」ではなく「自分の体のタンパク質を上手に使おう」とアドバイスし、その意味や方法を分かりやすく伝授しなければなりません。それがしっかりできてこその栄養管理やサポートだと、私は思います。

グラスフェッドの赤身肉は本当にヘルシー？

さて、ここまでの情報を知っていただければ、もはや肉の是非についてこれ以上のページを割く必要さえないかもしれませんが、「あの話はどうなの？」「この話も正しくないの？」というような皆さんの疑問はまだまだ尽きないでしょうから、そのひとつひとつにお答えしておくことにしましょう。

近年では、肉（牛肉）の種類として「グレインフェッド」や「グラスフェッド」という言葉をよく見聞きするようになりました。前者はgrain-fed（穀物が与えられた）、後者はgrass-fed（牧草が与えられた）という意味で、牛が育てられる際にどのような餌を食べていたかによって肉質や食味が大きく変わることから、このような表現が使われるようになっています。

グラスフェッドの牛は、穀物ではなく牧草を与えられることで、牧草に含まれる脂肪酸（オメガ3）が牛の体に多く取り込まれ、いわゆる霜降り肉（脂身［飽和脂肪酸］が多い）ではなく赤身肉（脂身が少ない）になるため、グレインフェッドの牛肉よりも健康的だといわれています。また、広い農場で牛が自由に動き回れる、ホルモン剤や抗生物質が投与されていないなど、グラスフェッドの場合は生育環境にも配慮されていることが多いため、これらを含めて一般的には「安心・安全でヘルシー」というイメージが定着しているようです。

ここで、「肉食を避けるべき主な理由」を挙げておきましょう。

①さまざまながんのリスクを高める
②有害なアンモニアが生成される
③動物性脂肪（飽和脂肪酸）が多い

図３　牛肉の年間消費量と乳がん死亡数の推移（1960年〜2016年）

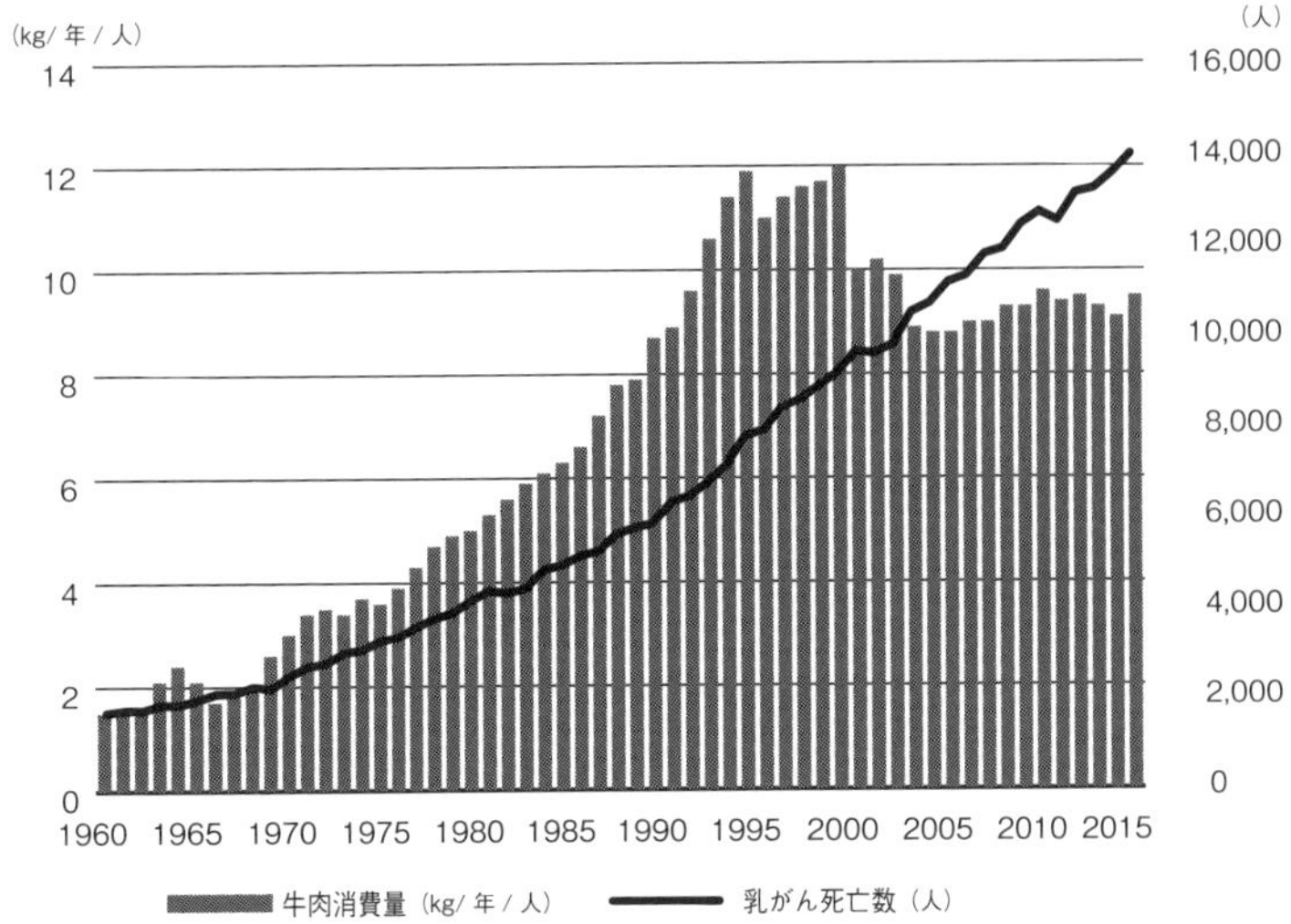

出典：牛肉消費量…農林水産省「食料需給率」／乳がん死亡数…国立がん研究センターがん情報サービス

④カルシウムを体内で悪玉化させる
⑤特に日本人は消化が得意ではない
⑥腸内フローラの多様性を低下させる
⑦農薬や抗生物質が含まれている恐れがある
⑧過剰なリンが貧血やカルシウムの悪玉化を助長する
⑨加熱調理に伴い種々の有害物質が発生しやすい

それぞれの詳細については、ここでは省略します。これまでの私の著書などでも説明していますので、そちらをご参照ください。

①の実例として、日本人の牛肉消費量と乳がん死亡数の推移を紹介しておきます（**図３**）。ピーク時より少し減

少したとはいえ、1960年代に比べて現在の牛肉の消費量は5倍になっていて、それと比例するように乳がんの死亡数も増加し、こちらは1960年代の7倍以上に達してしまっているのです。

また、②や③との関連で意外に知られていないのが、血液中にグルコース（ブドウ糖）が少なくアンモニアが多い状態（第4章でふれる「糖質制限」の状態に該当します）では脳にダメージをもたらすこと、これに「悪い油」が加わると事態はさらに悪化してしまうことです。脳には血液脳関門というバリアの仕組みがあり、有害物質が脳に到達しないような構造になっていますが、細胞膜は油（リン脂質）でできているため、脂肪や脂溶性の有害物質などはこのバリアを通過しやすいという弱点があります。このように、肉食には実に多種多様なリスクが潜んでいるのです。

皆さんに知っておいていただきたいのは、グラスフェッドの牛肉をこれらの理由に照らし合わせてみると、③や⑦については多少なりともクリアしているかもしれない一方で、残りの7つの問題は依然として残ったままだという事実です。いずれも、牛の餌や生育環境とは関係のない要素だからです。

結論的には、たとえグラスフェッドの牛肉であっても全くヘルシーではありませんし、安心・安全でもありません。よかれと思って積極的に食べていると、むしろさまざまな悪影響を受けることになります。アスリートや各界の著名人がこぞって「グラスフェッドがいい」などと発信し、ある種のファッションやブームのようにもなっていますが、少なくとも皆さんは、こうした流行などに振り回されないようにしてください。

モツ好きやホルモン好きは特に要注意の「シアル酸」

「肉食を避けるべき主な理由」の中では特に①や⑨と関連する、比較的最近になって分かってきた新たな問題も紹介しておきましょう。

近年では、動物の肉に特有の物質が私たちに悪影響を及ぼすことも懸念されるようになっています。それは「シアル酸」と総称される物質群です。動物の赤身肉や乳製品に多く含まれていて、摂取した人の発がんリスクを高めることなどについてはこれまでにも知られていました。しかし、アメリカと中国による最近の研究では、赤身肉よりも内臓肉のほうが高濃度のシアル酸を含んでいること、内臓肉を加熱調理するとその濃度がさらに上昇することなどを、それぞれ報告しているのです。

そもそも、シアル酸は細胞の表面に突き出たアンテナ（糖鎖）の構成成分であり、私たち人間の体内にも存在しています。このアンテナを通じてさまざまな情報をキャッチし、細胞同士のコミュニケーションに極めて重要な役割を担っています。しかし、畜産用の哺乳動物（牛や豚）にみられる特定のシアル酸は人間には存在しない種類であるため、私たちの体内に取り込まれると、免疫細胞（白血球）が異物や外敵であると認識し、このシアル酸に攻撃を始めることが知られています。このため、肉類などの高シアル酸食品を頻繁に摂取していると体内で慢性炎症を起こし、やがてはがんや心臓病などのさまざまな炎症性疾患につながっていくわけです。また、慢性炎症はアスリートのコンディショニング不良にも直結します（詳細は第5章で解説します）。

ちなみに、この研究で調査対象となったのは「豚」でした。そして、普通の豚肉（筋肉組織）よりも、脾臓や肺、心臓、腎臓、肝臓などの内臓肉に、シアル酸が多く含まれることが分かりました。いわゆる「モツ」や「ホルモン」、「レバー」の類です。これはもちろん、牛肉をはじめとする他の肉類にも当てはまることが、この研究でも示されています。

そして先ほど、内臓肉を加熱調理するとシアル酸の濃度がさらに上昇するとお伝えしましたが、モツやホルモン、レバーを使った料理は、いずれも必ず加熱調理を伴います。要するに、ただでさえ高リスクの食品がさらに高リスクになっているわけです。

「普通の肉よりも低カロリーでヘルシー」などというイメージなども手伝って、モツ鍋やモツ煮込みを好んで食べたり、焼き肉でホルモンを選んだりする人も少なくないことでしょう。さらにはアスリートの皆さんの場合、次にお話しする「鉄」の摂取源として、意識してレバーを食べているという人もいるはずです。しかし実際には、普通の肉以上に健康を脅かす恐れがあるのだということを覚えておいてください。

肉に依存しがちな「鉄」の真実

肉などの動物性食品といえば、タンパク源としてだけでなく、特定のミネラルやビタミンの摂取源にもなるというのが世間一般の認識でしょう。その代表例として真っ先に思いつくのが「鉄」ではないかと思います。

鉄には、吸収されやすいヘム鉄と吸収されにくい非ヘム鉄があって、動物性食品（特にレバーなど）にはヘム鉄が豊富だから、貧血予防にレバーを食べましょう――。アスリートに対し、日本各地で毎日のようにこんなアドバイスが行われ、それを聞いたアスリートたちは素直に信じ、人によっては好きでもないレバーを無理に食べているといった様子が容易に想像できるわけですが、これについても今日から認識を改めてください。ずばり、レバーを食べる必要など全くありません。

厚生労働省が毎年実施している「国民健康・栄養調査」によると、毎日の食生活で鉄の摂取源になっている食品は、実は植物性食品が7割以上を占め、動物性食品は3割にも満たないことが分かっているのです（**図4**）。植物性食品の内訳をみると、穀類、豆類、野菜が、ほぼ同じ割合で主な摂取源となっています。「鉄といえばレバー」で「動物性食品が鉄の摂取源」だと信じ込んできた皆さんにとっては、これだけでもかなり衝撃の事実ではないでしょうか？

そもそもレバーは動物の肝臓です。肝臓は、鉄の貯蔵庫であると同時に体内の有害物質を処理する場所でもあります。そのため、処理前の有害物質を多く抱え込んでいる可能性が高いわ

図4　鉄の摂取源になっている主な食品

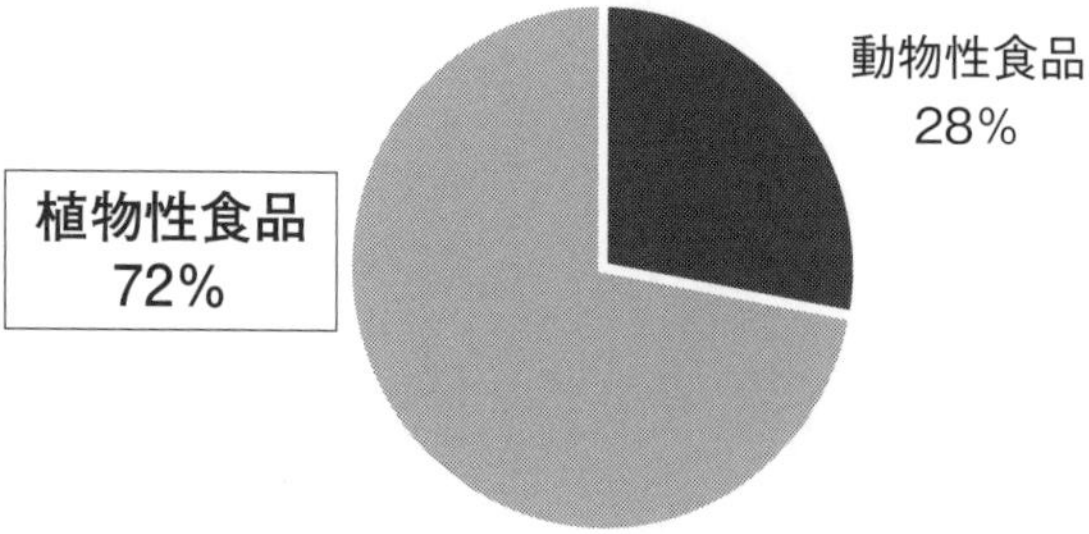

植物性食品の主な内訳は…
●穀類…12.8%
●豆類…14.1%
●野菜類…14.1%
●味噌…5.1%

（国民健康・栄養調査［平成29年］を参考に作成）

けです。そして先ほどの「シアル酸」の問題も常につきまといます。そう考えれば、どんなに「安心・安全」に育てられた動物のレバーでも、むしろできるだけ食べないようにしたほうが賢明です。

なお、動物性食品というくくりで言えば、背の青い魚の血合い部分にも鉄が豊富に含まれていますが、魚を食べることの是非については第5章で改めてお話ししたいと思います。ひとまず、「普段の食事では鉄の大半を植物性食品から得ている」（動物性食品に依存する必要はない）のだということを知っておいてください。

吸収されやすい鉄は体をむしばみやすい

「でも、植物性食品の鉄は吸収されにくいんじゃないの？」――皆さんからはこんな声も聞こえてきそうですが、これについても「吸収さ

図5　鉄の摂取と心臓病（冠動脈心疾患）のリスク比較

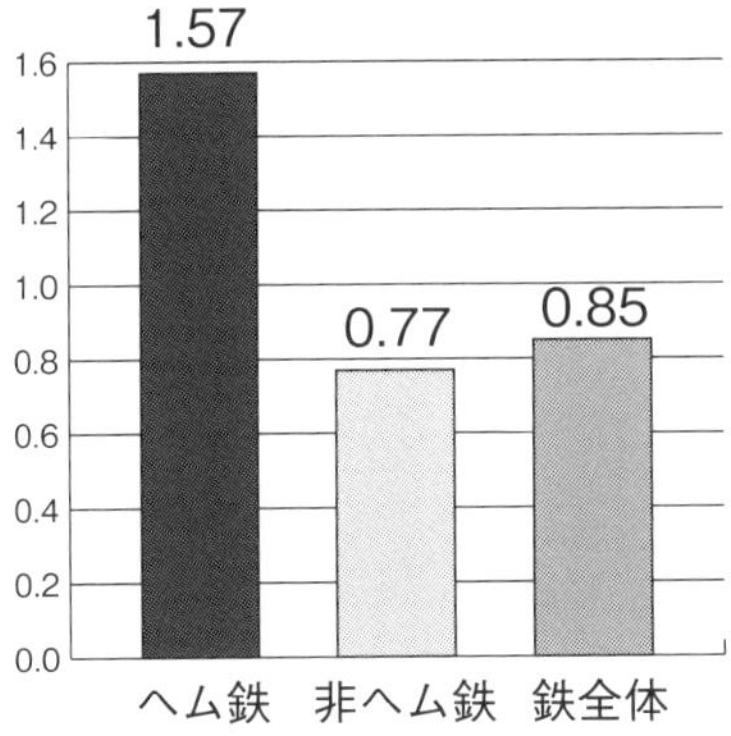

出典：Dietary iron intake and body iron stores are associated with risk of coronary heart disease in a meta-analysis of prospective cohort studies

れにくい」ことが、実は利点なのです。

図5は、アメリカの研究チームが過去の複数の研究を再検証し、鉄の総摂取量だけでなく、ヘム鉄と非ヘム鉄の摂取量と心臓病のリスクとの関連性を、それぞれ比較したものです。その結果、非ヘム鉄と鉄全体に関してはリスクを下げていたのに対し、ヘム鉄のみが心臓病のリスクを高めていたことが分かったのです。1を超えるとリスク増、1より下回ればリスク減を意味しますから、その差は一目瞭然です。

ヘム鉄の吸収については、体内に鉄が足りているときには吸収が抑えられるといったような、コントロールのシステムが働きにくいことが知られています。だからこそ「吸収されやすい」わけです。また、鉄は重要なミネラルである一方で、多すぎると体に悪影響を及ぼします。このため研究チームは、ヘム鉄の摂取量が増えると過剰に吸収されて酸化ダメージや炎症性が増大し、これが心臓病の大きなリスク要因になるのではないかと推測しています。

一般的にはメリットであるとされる、「吸収されやすい」というヘム鉄の特徴は、見方を変えれば「吸収をコントロールしにくい」（悪影響を受けやすい）ということにもなります。その反面、植物性食品に豊富な非ヘム鉄の場合は、「吸収されにくい」（コントロールしやすい）ことが、むしろ功を奏しているのだと解釈できるわけです。

これらのことを考慮すれば、無理に動物性食品からヘム鉄ばかりを補おうとせず、できるだけいろいろな種類の植物性食品から、少しずつでもまんべんなく鉄を摂取するのが最善の方法なのだと考えられます。また、植物性主体の食事をとっていれば、鉄の吸収をサポートするビタミンCも一緒に摂取できるので一石二鳥です。

鉄のとりすぎに伴う問題は、スポーツ界でも知られるようになってきています。日本陸上競技連盟（陸連）は２０１６年、肝臓へのダメージなどが懸念されることから「体をむしばむ」という表現を使って、選手や指導者らに対して鉄の過剰摂取に注意するよう警告しました。ところが２０１８年、高校駅伝の強豪チームで貧血治療用の鉄剤の注射が不適切に行われていたことが発覚したため、陸連は鉄剤注射を原則禁止とする方針を表明しました。

これを受けて２０１９年には、日本医師会が全国の医師に対し、陸上競技に限らずあらゆる競技の全世代のアスリートにおいて、たとえ治療目的であっても鉄剤注射を安易に行わないよう、注意喚起することを決定したのです。吸収されやすい鉄を多くとることだけも恐ろしいのに、鉄を血管内に直接流し込むなどという行為がどれだけ危険なことか、今の皆さんならイメージできるのではないかと思います。

それにしても、日本のスポーツドクターや栄養士たちは、鉄という栄養素について、つい最近までこんな基本的な知識さえ持っていなかったのかと思うと暗澹たる気持ちになります。なお、スポーツ貧血の対策には鉄以外のミネラルやビタミンも大きく関係しています。これについては第8章でお伝えすることにしましょう。

ポパイがホウレンソウを食べるわけ

今の若い世代には、「ポパイ」といっても通じないかもしれません。アメリカの漫画に登場する船乗りのキャラクターで、日本でもテレビアニメが放映された時代があり、すっかり有名になりました。そんなポパイの〝変身アイテム〟としておなじみの食べ物が「ホウレンソウ」です。普段は温厚な小男なのですが、ホウレンソウを食べると筋肉ムキムキになって超人的なパワーを発揮し、ライバルの大男を打ち負かすというのが定番の設定になっています。

そもそも、なぜホウレンソウなのかという理由については諸説ありますが、子どもたちの野菜嫌いを克服すべく、アメリカの団体が仕組んだ策略だったという話が有力です。つまり、「ホウレンソウを食べないとポパイみたいに強くなれないよ！」という、子どもたちへのメッセージだったというわけです。

さて、そんなホウレンソウといえば、鉄が豊富な野菜としても知られています。もちろんそれは、過剰摂取による害の心配がない、吸収をコントロールしやすい「非ヘム鉄」のほうです。しかし近年では、ホウレンソウに含まれる、鉄とは別の成分が注目されています。しかもその成分は、アスリートのパフォーマンスにダイレクトに役立ちうるというのです。

ベルギーの研究チームは、インターバル・トレーニングと共に「硝酸塩」という物質を補給すると、わずか5週間後に運動パフォーマンスが高まり、筋肉が増強していたことを報告しています。しかもそれは、瞬発系のパワーを発揮する筋肉（速筋）だったといいます。これより前に、マウスを用いたスウェーデンの研究でも同様の結果が示されていて、持久系の筋肉（遅筋）には増強効果がみられなかったものの、速筋が発達することによって最終的には持久力の向上にもつながるとしています。

硝酸塩は、ホウレンソウなどの青菜類に豊富に含まれる物質で、細胞内のエネルギー生産工場であるミトコンドリアを活性化させたり、体内で一酸化窒素という物質に変化して血管を拡張させたりする働きが知られています。おそらくこれらが相乗的に作用することによって、運動パフォーマンスの向上や筋肉増強をもたらしたと考えられます。

やはりここでも、パワーや筋肉をつくるのは「肉」ではないことが分かります。ポパイがホウレンソウを食べるのは、とても理にかなっていたというわけです。

日本にはビタミンB12の優れた摂取源があった！

鉄と同じくらい、あるいはそれ以上に、肉などの動物性食品が摂取源であると思われている栄養素に「ビタミンB12」があります。むしろ、動物性食品からしか得られないという認識から、植物性食品100％の食事ではビタミンB12が不足してしまうというのが、ビーガン食の大きな弱点であるとまでいわれています。

しかし、ビーガン食でもビタミンB12を摂取できる簡単な方法があります。それは、「海苔」を食べることです。海苔の中には藍藻という細菌の仲間（植物プランクトン）が含まれていて、この藍藻がビタミンB12をつくり出すからです。

さらに、日本人ならではのメリットがあります。フランスの研究で、日本人は海藻を分解する独自の腸内細菌を持っていることが報告されているのです。これは日本人からしか見つかっておらず、「海藻を常食する」という、世界的にもまれな食文化が培ってきたものであることも分かっています。

実は、海苔がビタミンB12の摂取源になるかどうかについては、世界的には議論の的になっているのですが、その背景には「消化できるかどうか」が関係しているのではないかと思われます。つまり、日本で生活しているからこそ、海藻をしっかり消化する体の仕組みができ上がり、そこに含まれるビタミンB12の恩恵が受けられているというわけです。

なお、1日4g以上の海苔を食べれば、動物性食品をいっさいとらなくてもビタミンB12の必要量を摂取できるといわれています。焼き海苔の全型1枚分が約3gですから、1日の食事の中で問題なく摂取できる量だと思います。このように、ビタミンB12をとる目的であっても、動物性食品に依存する必要はないということです。

ちなみに海外のビーガン食では、海産物に多いヨウ素というミネラルの不足も懸念されていますが、これもやはり、海藻をよく食べる日本人には無縁です。ヨウ素は甲状腺ホルモンの材料として不可欠で、甲状腺ホルモンは全身の細胞に作用してエネルギー生産を高めたりする働きがあることから、アスリートのコンディショニングやパフォーマンスにおいても大きな鍵となるミネラルのひとつです。いずれにせよ、日本の食文化のありがたみを、こんなところからも改めて感じさせられます。

肉食だとカルニチンが悪玉化する!?

少し知識がある人は、「じゃあカルニチンはどうなんだ?」と反論してくるかもしれません。カルニチンはアミノ酸とビタミンの中間のような栄養素で、体内で脂肪をエネルギー源として利用するときに必要な物質です。やはり運動パフォーマンスに直結するので、サプリメントなどを通じてアスリートの間でも知名度が高いかもしれません。

肉の中から発見されたことから、ラテン語で「肉」を意味するcarnusからカルニチン(carnitine)と名付けられました。実際、カルニチンは筋肉(骨格筋)に多く存在するため、食事から得ようとすると、動物の筋肉組織、すなわち「肉」が主な摂取源となります。カルニチンについては、ビタミンB12とは違って、優れた摂取源となる植物性食品が見当たりません。このため、「カルニチンは肉からしか得られない」「だから肉を食べるべきだ」という主張がまかり通っているわけです。

一方で、そんなカルニチンにも問題があります。それは、普段からカルニチンの多い食事をとっていると、腸内でカルニチンがTMAOという「悪玉」に変化しやすくなる（TMAOに変化させるタイプの腸内細菌が増える）のです。ちなみにTMAOは、血液中に取り込まれると動脈硬化を促進することが知られています。

しかし、植物性主体の食事を続けている限り、これも心配ご無用です。アメリカの研究では、ビーガンやベジタリアンの人は肉を多く食べる人に比べて、TMAOの血中濃度が低いことが示されているからです。「もともとカルニチンの摂取量が少ないんだから当然だ」と思われたかもしれませんが、この話にはまだ続きがあります。ビーガンやベジタリアンの人では、カルニチンを大量摂取した後でさえ、肉食者が同じ量のカルニチンを摂取した場合に比べて、TMAOがそれほど増えていなかったのです。

つまり、普段から植物性主体の食事をしていれば、腸内細菌がカルニチンを悪玉化しにくい状態を維持できるということになります。

それに、カルニチンは私たちの体内でもつくることができます。ビタミンB1やB6、ナイアシンといったビタミンB群、鉄、そしてアミノ酸（リジンとメチオニン）が材料になるため、これらの栄養素を十分に摂取すればいいのです。また、ビタミンCを適切にとっていればカルニチンがスムーズにつくられることも分かっています。これらについても、植物性主体の食事から全て得ることができます。

結論としては、カルニチンに関しても、肉に依存する必要はないということです。

「脳の栄養素」のために肉を食べるのもナンセンス

２０１９年、「植物性主体の食事では脳に必要な栄養素が欠乏してしまう」と主張する、イギリスの研究結果が発表されました。その栄養素は「コリン」という物質です。

コリンは、細胞の生体膜や脳の情報伝達にかかわる物質などの材料になる栄養素で、ビタミンB群の仲間として分類されることもあります。しかし肝臓でつくられるため、厳密にはビタミンとは異なり、食べ物から必ず得なければならない栄養素ではありません。

ところがこの論文では、肝臓でつくられる量も十分ではなく、コリンの豊富な動物性食品（牛肉や鶏肉、卵、魚、乳製品など）を食べなければ、脳の健康が維持できないとしているのです。前述のように、コリンは必須栄養素ではないため、日本では摂取量の指針などが示されていません。アメリカでは1日あたりの推奨摂取量が定められているのですが、その量は「牛肉５００g分」や「卵5個分」などに相当し、コリンを比較的多く含むこれらの動物性食品であっても、少量ではなく大量に食べなければとても到達できないような数値になっています。世間でよく言われるように、少しは肉を食べたほうがよいのでしょうか……？

もちろん、答えは「ノー」です。コリンのためにも肉を食べる必要などありません。

現に、この研究結果を受けて、イギリス栄養士協会は「ビーガン食や植物性主体の食事を通じて、十分な量のコリンを摂取できる」とわざわざ発表しているくらいです。ちなみにイギリスでもコリンの摂取量は定められていません。ただし「計画的に食べる必要がある」と続けていて、大豆やアブラナ科の野菜、キノコ類、種実類など、コリンの豊富な植物性食品をしっかり取り入れるべきだと述べています。

アメリカの場合は摂取量の設定自体がおかしく、何か作為的なものさえ感じます。前述のような肉食をしないとコリンが十分にとれないのであれば、日本に住んでいるほぼ全ての人がコリン欠乏に陥り、すでに脳の健康を大きく損ねているはずです。しかし実際はそんなことはありません。それに、イギリス栄養士協会も提言しているように、摂取源を特定の動物性食品に依存しなくても、さまざまな植物性食品からまんべんなくコリンを摂取すればよいだけのことです。そうすれば、肝臓でコリンをつくり出すのに必要な種々の栄養素もとることができます。

そして、実はコリンもカルニチンと同様、ＴＭＡＯに変化します。つまり肉食を続けていると、カルニチンとコリンの悪玉化というダブルパンチを食らっていることになります。ますます肉を摂取源にしないほうがいいわけです。

肉を肯定する人たちは、何かしら理屈をつけて、肉を食べることの正当性を主張したがるように思います。罪悪感なしに肉が食べたくて仕方がないのかもしれませんが、私にはその姿がどこか滑稽にさえ映ります。

肉を食べなくてもハッピーホルモンはつくられる

世の中には別の理由で「脳のために肉を食べよう」などという人もいます。それは、セロトニンやアナンダミドといった、いわゆる「ハッピーホルモン」の材料になるからというのが主な理由です。だから、肉を食べれば幸福感が高まり、元気で若々しくなる——。もちろん、そこにも大きな落とし穴があります。

セロトニンは神経伝達物質の一種で、脳内では鎮静役（ブレーキ役）として、喜怒哀楽といった感情などにも深く関与しています。スポーツ界では緊張を和らげる働きも期待されています。トリプトファンというアミノ酸をもとに体内で合成されることから、「トリプトファンの多い肉を食べてハッピーに」と話を持っていきたいようですが、トリプトファンは豆類や種実類にも豊富に含まれますし、セロトニンの合成に不可欠なミネラルやビタミンもしかりです。結局は、植物性タンパク源を食べておけば「ハッピーになれる」わけです。

しかも、セロトニンが脳内に多くなると運動時の疲労を強める恐れがあることも知られています。セロトニンも「人間用タンパク質」のひとつですから、過不足なく適切につくり出し、正しく働かせられるよう、細胞の環境を整えることのほうが大切なのです。

もうひとつのアナンダミドは、アラキドン酸という脂肪酸からつくられる物質です。セロトニンと同様さまざまな作用がありますが、脳内では高揚感や快楽、モチベーションなどを高め、私たちの心理面や行動面に大きな影響を及ぼすことが知られています。

アナンダミドの材料となるアラキドン酸自体が肉に含まれる（植物性食品にはほとんど含まれない）のは事実ですが、肉のアラキドン酸もごく微量です。それに、アラキドン酸は過剰摂取の害が懸念されるオメガ6の一種であり、むしろとりすぎに注意が必要です（脂肪酸の話は第5章でお伝えします）。このため、アナンダミドの効果を得たいがためにわざわざ肉を食べるというのも、実にナンセンスなのです。やはりセロトニンと同じく、植物性主体の食事をとっていれば、アナンダミドの材料も合成に必要なミネラルやビタミンも、しっかり摂取できます。

ハッピーといえば、むしろ野菜や果物を食べるほうがハッピーになれるという研究結果をご紹介しておきましょう。イギリスとオーストラリアの共同研究では、野菜や果物を多くとることで幸福度合いが大幅に高まり、その効果がなんと24時間以内に表れるという「即効性」を報告しているのです。

研究チームは、1日あたりの摂取量を最大8皿まで追加するにつれて、1皿ごとに幸福感が増えていくことを発見しました（**図6**）。まさに、野菜や果物を食べれば食べるほどハッピー

図6　野菜や果物と幸福度合いの関係

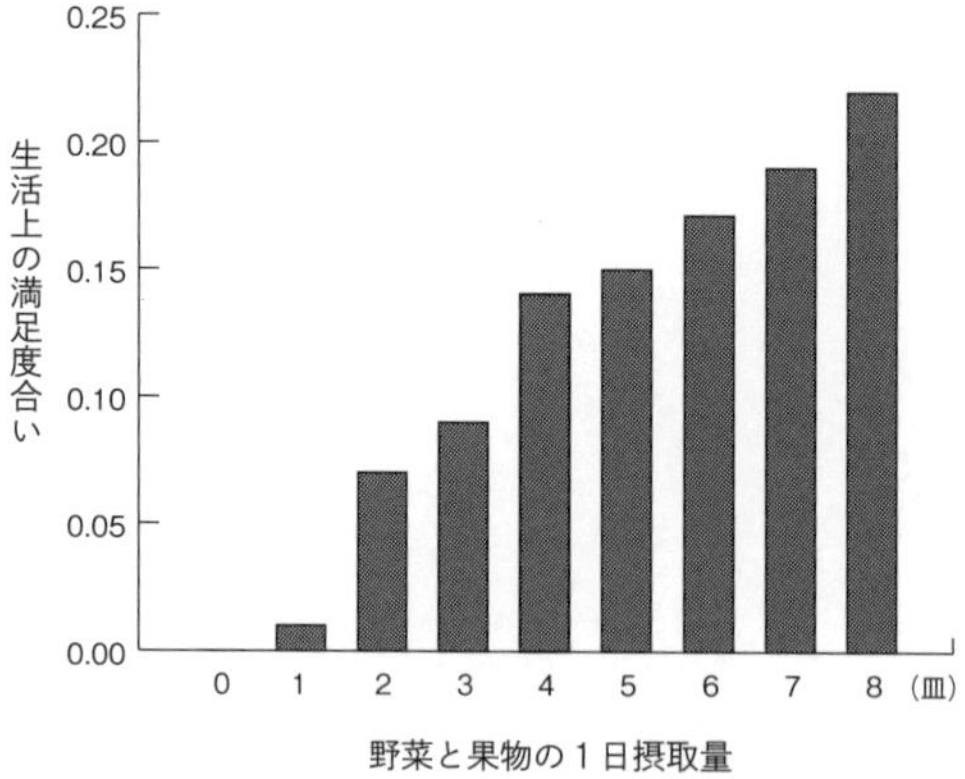

出典：Evolution of Well-Being and Happiness After Increases in Consumption of Fruit and Vegetables

になっていく様子がグラフから見てとれます。しかも、その日のうちに効果が出るというのは驚きです。皆さんも今すぐ試してみたくなったのではないでしょうか？

「肉食推進派」の理屈はことごとくおかしい

他にも、「肉を食べるべき」と主張する人たちはあの手この手でこじつけようとするのですが、いずれも話が飛躍していたり強引だったりしていて、「それも一理ある」とさえ思えないのです。ここで、その主なものを紹介し、おかしい点をそれぞれ指摘しておきます。

▼〝人類の700万年の歴史の中で農耕が始まったのは1万年前にすぎない。それまでは野生動物の肉を食べていた。農耕ができない寒冷地域などでは今でも肉を食べている〟

…その1万年の間に、農耕に適した進化を遂げてきたわけです。現に、欧米人と日本人では消化酵素の分泌量や消化器官の形状が異なっています。それに、農耕が始まる前も野生動物だけを食べていたわけではありません。食事の中心になっていたのは採集可能な野生の植物性食品であり、具体的にはクリやクルミ、ドングリ、ヤマイモ、豆などであったことが分かっています。日本は農耕ができる地域なのですから、わざわざ肉を食べる必要もありません。そもそも明治時代までは、日本では肉も牛乳も一般的ではありませんでした。

▼〝人は草食動物のようには食物繊維を消化できないから肉食動物だ〟

…人は「雑食動物」です。それに、食物繊維は腸内細菌がちゃんと消化してくれています。しかも、腸内細菌の消化によってつくられたさまざまな物質が、私たちの心身の健康に不可欠な役割を果たしているのです（詳細については第5章でご紹介します）。さらに、私たちの歯の形を見れば、穀物や野菜などの植物性食品をすりつぶして食べるのに適しているのは一目瞭然です。正直なところ、肉食推進派の人たちはこの程度の知識もないのかとあきれてしまいます。そこまでして肉食にこだわる理由もよく分かりません。

▼〝元気な高齢者ほど肉好き／沖縄の百寿者は肉食中心〟

…これらも、肉食推進派の人たちが好んで用いる表現ですが、だからといって「肉を食べているから元気で長生き」と解釈するのはあまりに早計です。１９６０年代でさえ、日本人の肉の消費量は現在の10分の1程度にすぎなかったわけですから、今の高齢者が幼少の頃から肉をたくさん食べていたとは到底考えられません。また、よく引き合いに出される沖縄の豚肉文化も、あくまでも「ハレの日」の特別なものであり、日常的に食べていたわけではなかったことが分かっています。むしろ、伝統的な沖縄の食事は植物性主体の高炭水化物食であり、肉や魚はほんの一部にすぎません。つまり、元気な高齢者は、これまで植物性主体の健康的な食生活を送ってきたからこそ元気で長生きしていて、元気だからこそ食欲もあって、ここ最近になって肉も楽しんでいるのだろうと考えられるわけです。

結局のところ、肉推進派の人たちに共通するのは、「肉は優れたタンパク源」→「タンパク質をとることが大切」→「肉にしか含まれない有用な成分もある」→「だから肉を食べるべき」という先入観や誤解の悪循環から抜け出せていないことです。その背景には、食肉業界との癒着が見え隠れすることも指摘しておきます。

ラクトベジタリアンの落とし穴——牛乳や乳製品の問題

ここまでは、動物性食品の代表格として主に肉類を取り上げてきましたが、牛乳や乳製品についても全く同じです。あらゆる面で問題だらけであり、アスリートのコンディショニングやパフォーマンスに対して悪影響を及ぼす要因に満ちあふれています。

肉類と同じように、「牛乳や乳製品を避けるべき主な理由」を挙げておきます。同じく、それぞれの詳細についてはこれまでの私の著書などで確認してください。

①骨折や骨粗鬆症のリスクを高める
②カルシウム過多&マグネシウム過少（ミネラルバランスが悪い）
③カルシウムを体内で悪玉化させる（間違った場所に蓄積する）
④日本人は乳糖の消化が得意ではない（腸のトラブルを招く）
⑤動物性脂肪（飽和脂肪酸）が多い
⑥高濃度の各種ホルモンが生殖系の問題などを招く
⑦カゼインというタンパク質ががんやアレルギーのリスクを高める
⑧農薬や抗生物質が含まれている恐れがある
⑨過剰なリンが貧血やカルシウムの悪玉化を助長する
⑩超高温の殺菌処理で過酸化脂質が発生している（酸化ダメージを招く）

例えば①については、「骨折や骨粗鬆症のリスクを下げるんじゃないの!?」と思われた方が多いかもしれませんが、それは誤りです。世界の中でも肉や乳製品を最も多く摂取するアメリカやスウェーデン、フィンランドにおいて骨粗鬆症の発症率が最も高いことが知られています し、日本の研究でも、牛乳やチーズ、ヨーグルトを習慣的に摂取する人で骨折リスクが2～4倍になっていたことが報告されています。

また、⑥については肉類にも乳製品にも共通する問題のひとつですが、1989年以降、飼育中にホルモン剤を投与された食肉の輸入を禁止したEU諸国において、乳がんの死亡率が激減したことが分かっています。2008年に報告された厚生労働省の研究では、牛乳や乳製品の摂取と前立腺がんの関係性も示されているのです。

牛肉は牛の筋肉組織、牛乳は牛の血液由来の分泌物であり、いずれも「牛の体を構成していたもの」ですから、両者の問題点はその多くが共通しています。そしてグラスフェッドの牛肉でもヘルシーではなかったように、グラスフェッドの牛乳や乳製品であっても、やはり問題だらけです。

しかし、「植物性主体の食事」という視点においては、牛乳や乳製品のほうが肉類よりやっかいかもしれません。というのも、ベジタリアンの中には、肉類は食べないけれども牛乳や乳製品は摂取するという、いわゆる「ラクトベジタリアン」の人がいるからです。

それはアスリートも例外ではありません。現に、ベジタリアンのアスリートの中には、肉類を食べない代わりに牛乳や乳製品をタンパク源にしている人がいます。結果的に、牛乳や乳製品の過剰摂取につながり、体調不良に見舞われたり、パフォーマンスが低下したりしているケースもよくみられるのです。

牛乳で体が大きくなるのは不気味なこと

第2章で登場した「ゲーム・チェンジャーズ」の一人が、まさにその当事者です。それは「雄牛は肉を食べないだろ?」と答えていた世界最強のパワーリフター、パトリック・バブーミアンで、ビーガン食に切り替えてから世界記録を4回も更新するという偉業を成し遂げたわけですが、そんな彼がとあるインタビューで、ラクトベジタリアン時代の失敗エピソードを次のように語っています。

《(ビーガンではなく)ベジタリアンだった頃は、健康問題に見舞われたり、集中できないときがあったり、鉄欠乏がみられたりした。周囲の人たちはみんな、それが肉を食べないことではなくて乳製品のとりすぎによって起こっている問題であり、鉄欠乏や胃の不調などの多くの問題とダイレクトに関係していることを伝えようとしてくれた。そこでベジタリアン食からビーガン食に切り替えると、これらの問題が全て消え去ったのだ》

《多くの人は、ベジタリアンはヘルシーで問題ないがビーガンは極端だと思っている。しかしそれは正反対だ。ビーガンこそが完璧な方法であって、(ラクト)ベジタリアンの場合、乳製品によって生じるさまざまな健康問題に見舞われることになってしまう》

アスリートの場合、ベジタリアンでもそうでなくても、ある種の「プロテイン飲料」のような感覚で牛乳を多飲する傾向があるように思います（なお、プロテイン製品の問題も後述します）。特に「体を大きくする」ためには不可欠であると信じて疑わない人が多いようです。

牛乳を飲めば体が大きくなる――これはあながち間違いではありません。なぜなら、前述の「避けるべき主な理由」の⑥にもあるように、牛乳にはさまざまなホルモンが含まれていて、その中には成長ホルモンの類も高濃度に存在するからです。成長ホルモンは子どもの発育だけではなく、大人の体でも全身に作用し、細胞の増殖を促進するなどの働きを担っています。つまり、牛乳に含まれる成長ホルモンの類が、人間の体内でも同様の影響をもたらしているものと考えられます。

とはいえ、これは非常に不自然で危険な現象です。牛の成長促進のために人工的なホルモン剤を投与したり、出産後ではなく妊娠中の牛（女性ホルモンの濃度が上昇している）から搾乳したりすることで、牛乳はいわば「各種ホルモン混合液」のようになってしまっているからです。つまり、それを飲んだ人は体が大きくなるかもしれませんが、その代償として、心身のさまざまな不調に見舞われるのです。実に気味が悪いと思いませんか？

もう一度思い出してください。世界最強のパワーリフターは、肉を食べず牛乳も飲まないという食事を実践することで、雄牛のような筋肉隆々の体がやせ細ることもなく、むしろそこから世界記録を何度も更新しました。そして、同様の食事で彼に負けず劣らずの活躍を見せる「ゲーム・チェンジャーズ」は、世界中のあらゆる競技に実在しているのです。

プロテイン製品に潜むさまざまな不自然

「アスリートはタンパク質をとることが大切」と繰り返し刷り込まれてきた結果、どんなスポーツであっても、いわゆるプロテイン製品を利用するのが当然のようになっています。近年では「筋肉をつけたい」などの理由で、アスリートだけでなく一般の若い女性やシニア世代の間でもブームになっているようです。

市販されているプロテイン製品の主原料は牛乳や大豆で、それぞれ精製・加工されることで、高純度の乳タンパク（ホエイやカゼイン）や大豆タンパクが含まれています。粉末状の製品が多く、水や牛乳などに溶かして流動食のようにして摂取するのが一般的です。牛乳や乳製品に伴う種々の問題もさることながら、たとえ主原料が大豆タンパクの製品であったとしても、大豆や大豆製品を食べるのとは全く違います。純度の高い大量の外来タンパク質が一気に流れ込んでくるというのは、私たちの体にとっては「異常事態」であり、体内の免疫システムを不必要に刺激するため、食物アレルギーなどを誘発する恐れがあります。

それに、第4章でもお伝えするように、よく噛んで食事をとることには非常に多種多様なメリットがあります。スムージーなどにも同じことが言えますが、この手の「流動食」を毎日の食生活の習慣にするのはやめましょう。

また、市販のプロテイン製品の多くは、「スクラロース」や「アセスルファムK」などの人工甘味料が多用されています。なぜかというと、「甘くしないとまずいから」です。純度の高いタンパク質は、とても食べられたものではありません。人工甘味料にはさまざまな健康問題が疑われているため、とらないに越したことはないわけですが、いずれにせよ、人工甘味料が使われていない製品であったとしても、プロテイン製品は不自然です。

そして、こんな不自然なものを、第1章でご紹介した乳業メーカーの管理栄養士たちはこぞってアスリートにすすめているのです。

そもそも、プロテイン製品をとりさえすれば筋肉が増強すると勘違いしている人が多いようです。筋肉は破壊（利用）するからこそ、再生・修復のときにそれをカバーしようと大きくなるわけですから、結局は「トレーニング」です。そして、それに合わせて、プロテイン製品ではなく植物性主体の食事から、「人間用タンパク質」に不可欠な栄養素をまんべんなくとっておけばいいわけです。そうすれば、筋肉の細胞がスムーズに利用できます。

現に、２０１９年に発表されたイギリスの研究でも、プロテイン製品をトレーニング後に摂取したところで、筋肉の修復や筋肉痛の緩和にはほとんど役に立たなかったことを報告しています。むしろ普段の食事のほうが大きく影響するだろうと示唆しているのです。

プロテイン製品の話で思い出したことがあります。ある日本の大学とスポーツアパレル企業のコラボレーションで、この大学のキャンパス内に学生食堂が新たにオープンしたのですが、そこでは、主に運動部に所属する学生に向けた「筋肉強化メニュー」として、うどんやそば、ラーメン、パスタなどの麺類にこの企業のプロテイン製品を練りこんだものが提供されているというのです。

大学側は「ダイエットしたい女性も効率的にタンパク質がとれる」「このような取り組みを通じて大学のブランド力を上げていきたい」などとコメントしています。失礼ながら、あらゆる面がナンセンスかつ不自然としか言いようがありません。コラボ企業に所属する栄養士が監修した「筋肉強化」や「健康志向」のメニューの一環とのことですが、そんな栄養士のせいで、学生たちの心と体がどんどんむしばまれていくのがとても心配です。

繰り返しますが、タンパク質は「とること」よりも「体内での有効活用」のほうが重要であることを忘れてはなりません。

「麻の実」をフル活用しよう ~植物性タンパク源は細胞に優しい~

前述のように、動物性食品をとらなくても、コメと大豆の組み合わせは優れたタンパク源になりますし、ゴマやクルミ、アーモンドなどの種実類もしかりです。タンパク源を特定の食品に依存する必要などなく、植物性主体の食事からまんべんなくとればいいのです。

これらに加えて、アスリートの皆さんにおすすめしたい植物性タンパク源が「麻の実」(ヘンプシード)です。海外で人気のスーパーフードとして、近年では日本でもブームになっていますが、もともと麻の実は日本の伝統食品であり、昔は日常的に食べられていました。全国津々浦々、麻の実を使った郷土料理があるのが何よりの証拠です。

麻の実にはアスリートにおなじみのＢＣＡＡ（分岐鎖アミノ酸）が豊富です。筋細胞を構成するタンパク質にはＢＣＡＡの割合が多く、筋肉をつくる材料として特に重要であるほか、筋肉内で予備的なエネルギー源となったり、タンパク質の合成を促進したり、分解を抑制したり、筋肉痛や運動時の疲労を軽減したりするなど、ＢＣＡＡには実に幅広い効果が期待できます。しかも、麻の実にはＢＣＡＡの働きに不可欠なミネラルやビタミンも豊富となれば、利用しない手はありません。

近年では、動物性ではなく植物性タンパク質をとることによる独自のメリットも示されています。例えばアメリカの研究では、植物性タンパク質の増量摂取によって、慢性腎臓病（ＣＫＤ）の患者の寿命延長に役立つことを明らかにしています。具体的には、植物性タンパク質の摂取が１日10ｇ増加するにつれて、研究終了時点でのＣＫＤ患者の死亡リスクが14％低下していました。

一般に、腎臓の病気といえばタンパク質の摂取が厳格に制限される傾向があります。また、ＣＫＤの人では腎機能が低下していることから、通常であれば尿から排泄される有害物質が血液中に堆積しやすいことも知られています。その一方で、植物性タンパク質は動物性タンパク質に比べ、これらの有害物質の生成を減少させることも知られています。

その明確な因果関係は不明ですが、おそらく、植物性タンパク質の摂取源となる食品には、体内でのタンパク質の有効活用に不可欠なミネラルやビタミンも豊富に含まれているため、これらが相乗的に腎機能をサポートするのではないかと考えられます。いわば「細胞に優しいタンパク源」なのです。

健康な人でも、植物性タンパク源の割合を増やすほど長生きするという、日本の研究結果もあります。赤身肉の摂取量のわずか3％分を植物性タンパク源に置き換えただけで、研究期間中の死亡率が34％、がんでの死亡率が39％、心臓病での死亡率が42％、それぞれ低くなっていました。加工肉（ハムやソーセージ、ベーコンなど）でも同様で、摂取量の4％分を植物性タンパク源に置き換えた人では全死因死亡率が46％低く、がん死亡率に至っては5割も低かったのです。

一般的には、メインのタンパク源は動物性であり、植物性はあくまでもサブにすぎないと考えられがちですが、実際には正反対にすべきであることが、こうした研究結果からもよく伝わってきます。これからは麻の実なども活用しながら、植物性タンパク源の摂取量を意識して増やしていきましょう。

肉類は「嗜好品」として位置付けよう

この章の最後に、まとめも兼ねておさらいをしておきましょう。

・食べた肉がそのまま人間の筋肉になるわけではない

・筋肉だけがタンパク質を必要としているわけではない
・肉のタンパク質に依存する必要はない
・タンパク源の4分の3は自分の体から再利用している
・グラスフェッドの赤身肉でもヘルシーではない
・肉に多いヘム鉄は体をむしばみやすい
・牛乳で体が大きくなるのは不気味なこと
・プロテイン製品は筋肉増強の役に立たない
・植物性タンパク源は細胞に優しい

これが、この章でお伝えしてきた「肉の真実」や「タンパク質の真実」の主なポイントです。

今日から肉類や乳製品に対しては、お菓子やコーヒー、お酒などと同じように「嗜好品」のひとつだと思うようにしてください。どうしても食べたいなら食べればいい。でも、「絶対に食べなければならない」というものではありません。むしろ、皆さんのコンディショニングやパフォーマンスに悪影響を及ぼす要因が多々あります。

食べるのであれば、量と頻度を少なくして、ここまでご紹介してきた数々のリスクも承知のうえで、自己責任で食べるようにしてください。肉類に関しては、ハムやソーセージ、ベーコンなどの加工肉は特に避けるようにしてください。普通の肉以上に健康を害することが数多く報告されています。

アスリートの皆さんは、シーズンオフなどに仲間同士で焼き肉を食べるケースがよくみられますが、息抜きの一環として、あくまでも「たまに食べる」程度にとどめておいてほしいと思います。少なくとも「試合前に焼き肉でスタミナをつけよう！」などとは考えないでください。むしろスタミナを奪うだけです。

女子プロゴルフの海外メジャー大会で優勝し、メディアの注目を集めた日本人選手が、インタビューの中で「焼き肉が好きだけど食べた後は調子がよくないことが多い」と答えていました。明らかにコンディショニングに悪影響を及ぼしているわけであり、その対策としても、やはり焼き肉は控えるべきでしょう。

ゴルフ界の「ミスター・フィットネス」ことゲーリー・プレーヤーが言っていたことを思い出してください。肉や乳製品は「ドク」なのです。

第4章

アスリートだからこそ、もっと玄米を

玄米は最初からマルチビタミンのサプリ付き

植物性主体の食事を実践していく上で最も基本となるのが「主食のあり方」です。皆さんは普段の食事でどんな主食をとっているでしょうか。おそらく大半の人が、白米やパン、あるいはパスタなどの麺類を思い浮かべることかと思います。第1章でもご紹介したように、これらを同列のものとしてひとくくりにしたり、穀物の精製・未精製の違いやコメと小麦の違いなどにも全く言及していなかったりするのが、日本のスポーツ栄養学の現状であり、限界です。

皆さんには、主食として玄米ご飯を食べる機会をできるだけ増やしていただきたいと思います。「白いご飯」ではなく「茶色いご飯」です。白米と玄米では、主食としての価値が違いすぎていて、全く別の食べ物だといっても過言ではありません。

稲を収穫後、脱穀によって籾殻が取り除かれた状態が玄米で、そこから精米を経て糠や胚芽が取り除かれたのが白米です。これは、白か茶色かという色の違いだけでなく、含まれる栄養素の種類と量が大きく違ったものになります。だからこそ、玄米と白米は「全く別の食べ物」なのです。

図7を見ればその違いは歴然です。白米では玄米に比べて、ミネラルの大半、ビタミンB群では全種類が、大幅に下回っています。特にマグネシウムやビタミンB群は、糖をエネルギーに変えるのに不可欠な栄養素であるため、これらが不足した白米を食べても単なる「デンプンのかたまり」にすぎず、エネルギー源として利用しにくいことになります。そして食物繊維の

図7　玄米を1としたときの白米の栄養素含有量の割合

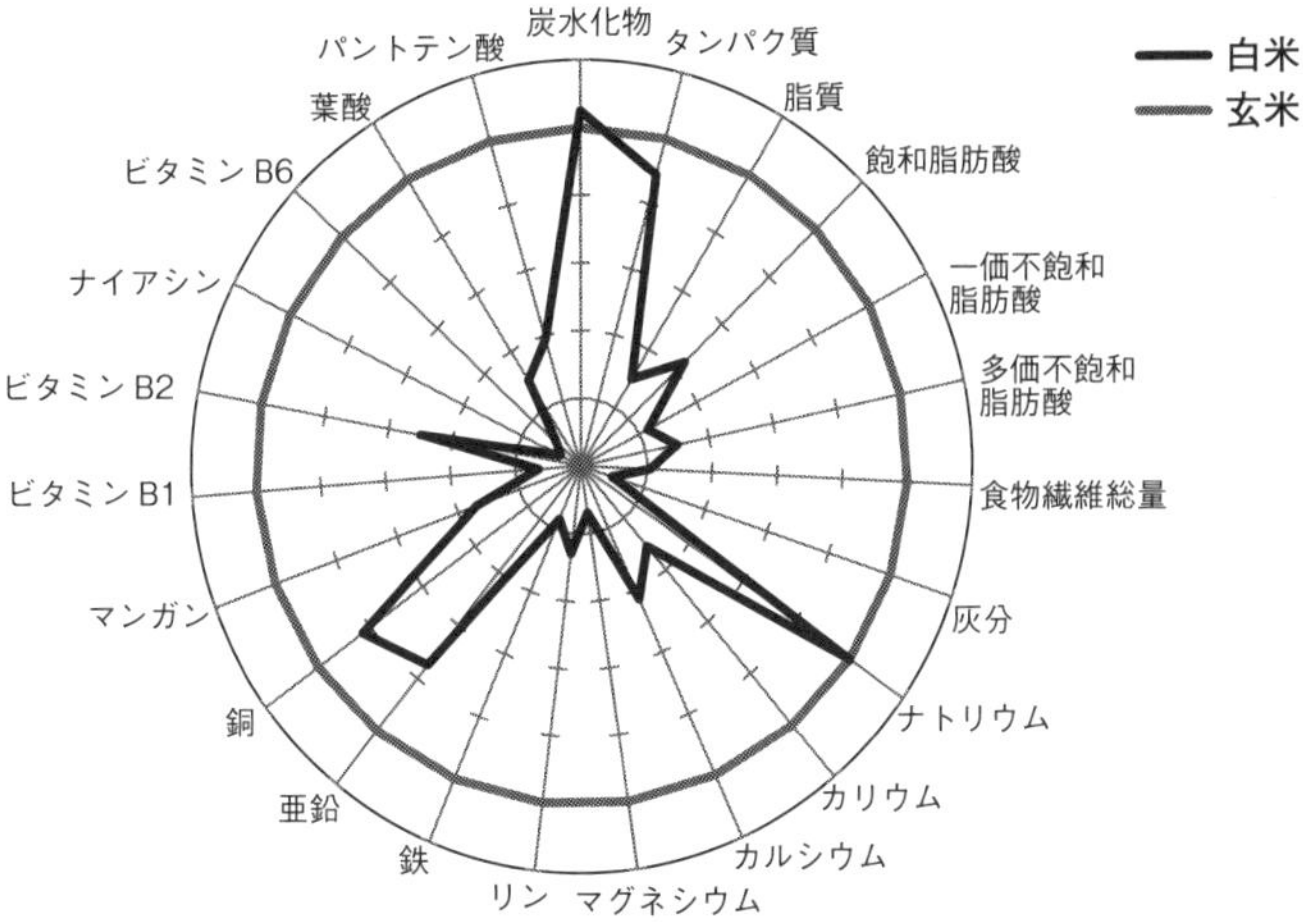

文部科学省『日本食品標準成分表2015年版』を参考に作成

含有量の差も顕著です。世間ではこのあたりがあまりに軽視されています。

要するに、精米時に取り除かれる茶色い部分（糠や胚芽）には、こうした貴重な栄養素がぎっしり詰まっているわけです。逆に言えば、糠や胚芽が残された玄米を主食にするだけで、これらのミネラルやビタミン、食物繊維が豊富な「自然のマルチビタミン」のサプリメントを、食事のたびに無意識にとることができているようなものです。白米はせっかくのサプリメントを捨ててしまっているわけですから、実にもったいないと思いませんか？

主食を白いご飯にするか、茶色いご飯にするか――。ミネラルやビタミン、食物繊維はコメ以外の食品からも摂取できるものの、主食とおかずでは1回で食べる量が違います。「塵も積もれば山となる」であり、こうした毎日の積み重ねは、次第にとてつもなく大きな差となっていきます。主食に何を選ぶかという要素だけでも、皆さんのコンディショニングやパフォーマンスのよしあしを大きく左右することを、頭にしっかり叩き込んでおいてください。

女子サッカーチームが示すマグネシウムの効果

玄米と白米を比較した**図7**の中で、含有量に最も大きな差のあるミネラルが「マグネシウム」です。

マグネシウムはアスリートの皆さんをあらゆる面からサポートする、極めて重要なミネラルです。ハードなトレーニングに耐え、試合本番で実力を発揮するためのエネルギーを安定供給する、適度なリラックスと共に集中力を高める、疲労を速やかに回復させる、筋肉の働きをスムーズにするなど、アスリートと密接に関連するような主な働きだけを挙げてみても、マグネシウムがいかに重要であるかが分かることでしょう。そんなマグネシウムの摂取源としても、玄米は非常に優れているのです。

ここで、ＮＨＫのテレビ番組で取り上げられた、ある女子サッカーチームの取り組みを紹介しましょう。なでしこリーグの2部に所属する関西のチームでは、練習中の水分補給としてマグネシウムを強化した特別なドリンクを飲んでいます。コップ1杯分にマグネシウムが１２０

㎎も含まれているとのことで、非常に効率的です。その目的は「筋肉が柔らかくなるから」だと言っていました。

そこで番組では選手に協力してもらい、このドリンクによって本当に筋肉が柔らかくなるかどうかを実験しました。すると、ドリンクを飲む前の筋硬度計の数値は「41」でしたが、ドリンクを飲んで15分後に再び計測すると「36」になっており、確かに筋肉が柔らかくなっていたのです。

筋肉の柔らかさは、筋肉の収縮・弛緩がスムーズに行われるかどうかに直結します。マグネシウムには筋肉を弛緩させる働きがありますが、マグネシウムが不足すると筋肉が収縮したままになり、硬くなってしまいます。これではけいれんや肉離れなどの筋肉のトラブルを起こしやすくなるのです。

マグネシウムは発汗やストレスによって失われやすいことから、アスリートは不足するリスクが常に高いといえます。そのためこのチームは練習中にもマグネシウムを補給することで、筋肉の柔らかさをキープしていたというわけです。サッカーは脚をつりやすいスポーツですから、マグネシウムの補給がことさら功を奏します。

実は私は、このチームと同じなでしこ2部リーグの、別のチームのコンディショニングをサポートしています。そこで急きょ選手やスタッフに集まってもらい、ライバルチームの取り組みを紹介しつつ、玄米ご飯やマグネシウムを摂取することの重要性を改めて強調して伝えたのです。

同じリーグ内で争うライバルチームの取り組みがＮＨＫで紹介されたということもあり、選手やスタッフもさすがに目の色を変えて、心機一転、チーム全体で取り組んでいくことを約束してくれました。今後の活躍がとても楽しみです。

ちなみにマグネシウムは「金」へんに「美」という漢字があてられています。老若男女全てのアスリートが、マグネシウムと共に、清く・正しく・美しくあってほしいものです。

マグネシウムは「皮膚」からも効果を発揮する！

さて、そんな万能ミネラル・マグネシウムの摂取方法は、実は口からとるだけではありません。「皮膚から摂取する」という方法もあります。せっかくですので、ここでマグネシウムの経皮的な利用法について紹介しておきたいと思います。

マグネシウムを用いた経皮療法は即効性が期待できるほか、誰でも安全に行えるため、アスリートが自分自身で気軽に取り入れやすいのが大きな特徴です。前述した、アスリートと密接に関連するような数々のマグネシウムの効果を、経口摂取の場合と同じように、あるいは経口摂取以上に得ることができます。実際に、経皮吸収によってマグネシウムの血中濃度が増加することが確認されているほか、血管への注射（静脈投与）と同じくらいの効果を得ることができるともいわれているのです。

ミネラルは総じて、役に立つ量と多すぎる量（有害な量）の幅が狭く、大量摂取には注意が必要となるものが多いのですが、マグネシウムについてはこの心配がほとんどありません。唯一ともいえる弱点は、「多くとるとお腹が緩くなる」ということです。これは、マグネシウムには周囲の水を集めやすい性質（潮解性）があるからです。

その一方で、マグネシウムを皮膚から取り入れる場合は、腸を経由しないためにお腹が緩くなる心配もなくなります。高単位のマグネシウムが皮膚から浸透・吸収し、血液中に取り込まれ、全身の細胞へとダイレクトに届けることができるわけです。そして、水を集めやすい性質がむしろプラスに働きます。皮膚に潤いや保湿効果をもたらしてくれるのです。

ただし、これらは「塩化マグネシウム」によって得られる効果です。「硫酸マグネシウム」は乾燥して皮膚が粉っぽくなってしまう恐れがあるため、経皮療法には塩化マグネシウムを用いるようにしてください。

マグネシウムの経皮療法は非常に実用的で、特に海外では研究が盛んに行われていて、さまざまな病気の治療にも活用されています。例えば、心臓病や糖尿病のほか、喘息や気管支炎、片頭痛、月経前症候群（ＰＭＳ）、線維筋痛症（体の痛みを伴う病気）などへの改善効果が報告されています。まさに、マグネシウムが全身の細胞に届いて効果を発揮していることの表れです。他にも、経皮療法によるリラックス効果や睡眠改善効果なども知られています。

ある知人女性が私の講座を受講しにきた際、手に火傷を負った上に、道で転んで手足にケガをした状態でやってきたことがあります。ケガから4時間たっても血が止まらず、まさに踏んだり蹴ったりで困り果てた様子でした。講座のカリキュラムには、ちょうどマグネシウムの経皮療法に関する講義が含まれていたこともあり、私は彼女にこの方法を提案したのです。

さっそく彼女が自分で試してみたところ、なんとわずか40分ほどで止血できたほか、火傷の跡もよくなっていました。翌日も同じように続けた結果、火傷の跡はこの2日間でほぼ完治し、ケガをした箇所も新しい皮膚が再生されて傷がふさがっていたのです。一緒に受講してくださっていた医師の方々も一部始終を目撃し、マグネシウムのパワーにとても驚いていました。思わぬ形で理論と実践が組み合わさった講座になったわけですが、細胞の修復作業を加速・円滑化させるというマグネシウムの効果を、改めて実感する出来事でした。

このように、経口摂取と経皮摂取を組み合わせれば、マグネシウムの相乗効果が期待できます。例えば、ローションとして皮膚にすり込んでマッサージしたり、入浴剤として用いたり、足湯に溶かし入れたりするなど、マグネシウムの経皮療法にはさまざまなやり方があります。

実際、これまでに私がアドバイスを行ってきた多くのアスリートにも、ことあるごとにマグネシウムの重要性を説明し、食事やサプリメントからの摂取と共に、マグネシウムの経皮療法をすすめてきました。すると、実践したアスリートたちは「疲れが早くとれた」「脚がつったりけいれんしたりしにくくなった」「ケガをしないようになった」など、効果の体感を口々に報告してくれるのです。

マグネシウムは口からとるだけでなく皮膚からも摂取できる――。アスリートはこうしたノウハウを知っておくことも非常に重要です。

五輪選手が玄米パワーで大活躍していた昔の日本

ここからは玄米の話に戻りましょう。日本のスポーツ界ではずいぶん昔から「玄米パワー」が本領発揮していたことは、あまり知られていないかもしれません。

織田幹雄、南部忠平、古橋廣之進。今の若い人たちは第3章で登場した「ポパイ」以上に名前を知らないかもしれませんが、いずれも、戦前戦後のオリンピックなどで大活躍した名選手たちです。

陸上選手だった織田氏は、1928年に開催されたアムステルダム五輪の三段跳で、日本人初の五輪金メダリストとなりました。南部氏も同じく陸上選手で、1932年のロサンゼルス五輪の三段跳で金メダルを獲得したほか、走幅跳でも銅メダルに輝いています。古橋氏は、400m、800m、1500mの自由形が専門の競泳選手で、第二次世界大戦後にこれらの種目で次々に世界記録を打ち立て、「フジヤマのトビウオ」の異名で知られるようになりました。

そんな彼らに共通するのが、実は「玄米ご飯」なのです。しかも1日5合もの玄米を食べていたといいます。単純に計算しても、これだけで実に850㎎以上ものマグネシウムを摂取していたことになります。現代人の平均摂取量が1日240㎎前後といわれていますから、ざっと3・5倍です。もちろん、その他のミネラルやビタミン、食物繊維の摂取量も相当に多かったであろうことは想像に難くありません。

江戸時代まではコメといえば玄米が一般的でしたが、精米技術の発達によって、明治時代には白米が全国各地に浸透していたといわれています。けれども、彼らはおそらく、経験的・感覚的に「白米より玄米のほうがいい」と判断していたのでしょう。そして3人とも素晴らしい活躍を見せていたのですから、驚くほかありません。

「ミスター・フィットネス」と呼ばれたゲーリー・プレーヤーや「史上最高のスイマー」の称号を得たマレー・ローズよりもさらに前の時代から、世界に誇るべき「ゲーム・チェンジャーズ」の先駆者たちが、この日本に確かにいたわけです。

スポーツ界の糖質制限ブームに物申す!

ところが、そこから月日が流れた今の日本では、コメ自体が悪者扱いされるという、何ともおかしな時代になってしまっています。いわゆる「糖質制限」の一大ブームです。

しかもそれはスポーツ界でも例外ではありません。「体脂肪率を増やしたくない」などの理由で、主食を抜いたり、炭水化物の多い食品をとらなかったりするアスリートが少なくないようです。ちなみに「低炭水化物ダイエット」などの言葉も、糖質制限とほぼ同じ意味で使われています。

そもそも彼らは、なぜコメなどを食べると体脂肪が増えると考えるのでしょうか？　なぜ炭水化物の摂取量を減らすことがダイエットにつながると思うのでしょうか？

いずれも結局のところは、「糖質＝炭水化物」「炭水化物＝コメ」「コメ＝白米」という世間の認識から抜け出せていないことが、その根本要因であると思われます。

先ほど、マグネシウムやビタミンB群は、糖をエネルギーに変えるのに不可欠な栄養素であるため、これらが不足した白米を食べてもエネルギー源として利用しにくいことをお伝えしました。その結果、白米から得られた糖が脂肪に変えられ、体脂肪として貯蔵されやすくなってしまうわけです。

つまり、白米を食べるからこんな問題が起こるのであって、白米ではなく玄米にすればいいだけの話です。それに、玄米ご飯をよく噛んで食べると適量で満足できますし（その詳細は後述します）、玄米にしか含まれないガンマオリザノールという成分が脳に働きかけ、食べすぎを防いだり脂っこい食べ物への欲求を抑えたりもしてくれます。つまり、「玄米を食べていれば太りにくい」（余計な体脂肪がつきにくい）ということです。

また、炭水化物や糖質はあくまでも栄養素の名称であって、食品そのものを分類する言葉ではありません。コメは炭水化物や糖質を含む食品の一例にすぎませんし、炭水化物や糖質100％でできているわけでもありません。それにもかかわらず、例えば「コメを食べる」と「炭水化物／糖質をとる」が同義語として頻繁に用いられています。だからこそ、「炭水化物を控

図８　「コメ＝糖質」ではない

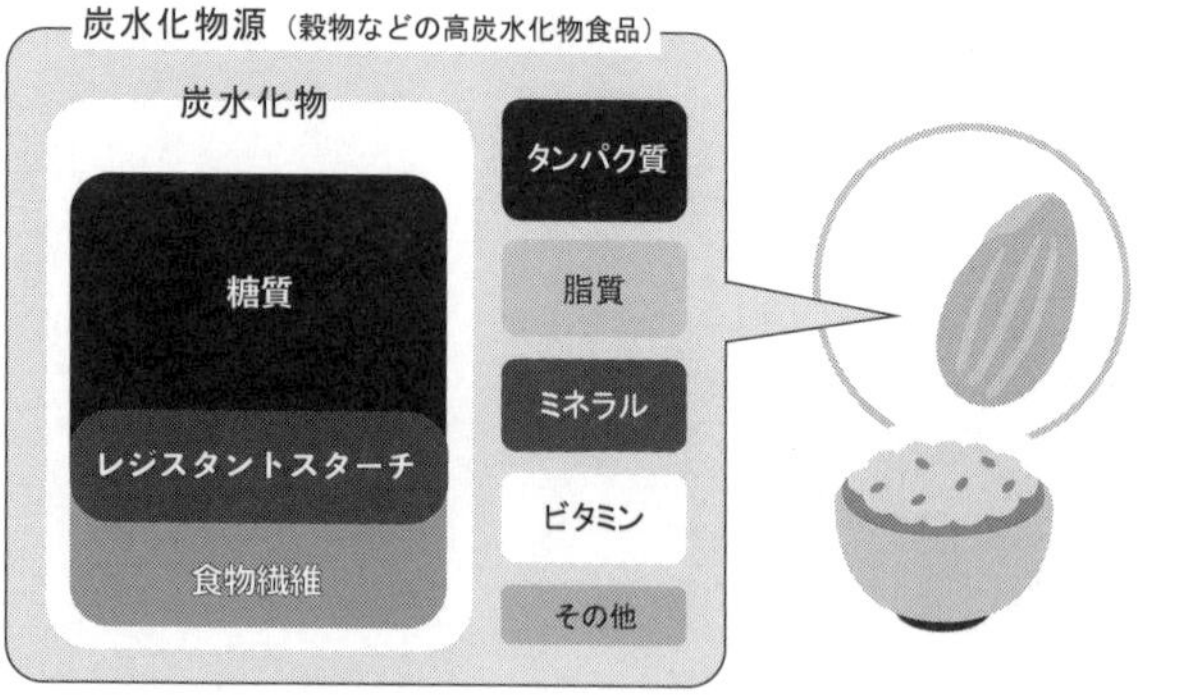

える／糖質制限」が、「コメを食べない／主食を抜く」などという愚かな行為につながってしまうのです。

そもそも皆さんは、「糖質」＋「食物繊維」＝「炭水化物」であることを知っていますか？　「炭水化物」＝「糖質」だと思っていた人も多いのではないでしょうか？　さらに、炭水化物以外にもさまざまな栄養素を含んでいるのがコメなどの穀物です。要するに、こういったことを理解せずに低炭水化物ダイエットや糖質制限を行うと、必然的に食物繊維や多くの貴重な栄養素がとれなくなることを意味します。

アスリートの食や栄養をサポートする人たちは、世の中のブームに振り回されることなく、こうした情報や知識をアスリートにきちんと伝える責任や義務があります。

アスリートだからこそ高炭水化物食が極めて重要

逆に言えば、玄米など良質な炭水化物源となる食品が豊富な食事（高炭水化物食）は、ミネラルやビタミンなどの宝庫です。これらの栄養素はいずれも体内でつくることができず、食べ物から必ず得なければならないうえに、アスリートは一般の人に比べて要求量が多いものでもあります。このため、むしろ高炭水化物食を心がけておかないと、これらの栄養素が十分に得られないわけです。

その一方で、良質な炭水化物源が少なく動物性食品の多い食事（高タンパク食）は、腎臓や肝臓に大きな負担がかかり、アスリートのコンディショニングにもさまざまな方向から悪影響を及ぼすことになります。だからこそ、安易に糖質制限を行うべきではないのです。

それに、筋肉をキープする上でも高炭水化物食が重要となります。肝臓や筋肉に貯蔵されている糖（グリコーゲン）を使い果たすと、筋肉中のタンパク質がエネルギー源に回されるため、結果として筋肉が衰えてしまいかねません。アスリートだからこそ、普段から高炭水化物食を実践してグリコーゲンを貯蔵しておくべきなのです。なお、グリコーゲン・ローディング（カーボ・ローディング）の解釈については、後ほど改めてお話しします。

第2章で、玄米など日本の食材を楽しみながら取り入れているという、ウルトラマラソンのレジェンド、スコット・ジュレクの話を紹介しました。彼は別のインタビューで「最もクリーンな食事」（the cleanest diet）が必要だと語っています。まさに高炭水化物食こそが最もクリーンな食事であり、糖質は最もクリーンなエネルギー源となります。

彼はさらに「何を食べるかよりも何を食べないかのほうが重要だ」とも続けています。何を食べないか、すなわち、有害物質に汚染されたものや、自分の体に高リスクなものを避けているわけです。彼は食のあり方について本当によく理解していると思います。さすがはレジェンドといわれるだけのことはあります。

ドイツで行われた200㎞マラソンの大会で、何と上位選手が全て「草食系」だったことがあります。ひょっとすると、ジュレクの影響を受けて高炭水化物食を実践した選手たちが、軒並み好成績を挙げたのかもしれません。いずれにせよ、間違ってもアスリートが糖質制限などを安易に行ってはならないということです。

糖質制限を続けていると命にかかわる理由

また、やみくもに糖質制限を行っていると、競技人生どころか「人生そのもの」まで早々に終わらせかねないことも、皆さんにお伝えしておかなければなりません。

まず、糖質が極端に少ない食事を続けていると、体は血糖値を維持するためにアミノ酸からブドウ糖をつくるようになります。これを「糖新生」といいますが、この際に多くの有害なアンモニアが発生し、全身の細胞の環境を悪化させます。また、アンモニアを処理するために肝臓や腎臓に余計な負担がかかります。

次に、糖新生のプロセスでは、特にビタミンB群を消耗することになります。その結果、第3章でお伝えした「人間用タンパク質の有効利用」のシステムに支障をきたし、ホモシステインという悪玉物質が血液中に増えてしまいます。このせいで動脈硬化などが起こりやすくなるのです。

さらに、糖質制限食では動物性食品（特に肉類）が増える傾向にあります。やはり第3章でお伝えした、肉類を食べることに伴う数々の問題が降りかかってくることになりますし、前述のように食物繊維やミネラル、ビタミンの摂取量が大幅に減少する恐れがあります。全身の細胞が正しく働けなくなるのはもちろんのこと、第5章で述べる腸内細菌の活動にも甚大なダメージを及ぼし、最終的にはその影響が全身の細胞にも及ぶことになります。

先ほど、玄米にしか含まれない成分（ガンマオリザノール）が脳に働きかけ、食べすぎを防いだり脂っこい食べ物への欲求を抑えたりするのに役立つことにふれました。動物性食品の摂取は動物性脂肪の摂取につながるわけですが、動物性脂肪は脳の「報酬系」という神経回路に強い刺激（快楽）を与えることが知られています。

ところが次第にその刺激は弱まっていき、同じ強さの刺激を得るにはより多くの動物性脂肪が必要になります。こうして脳は、まさに麻薬と同じように動物性脂肪に依存してしまうようになり、やがては健康を害するわけです。なお、動物性脂肪への依存性は麻薬やアルコールなどよりも抜け出すのが難しいことも分かっています。「高カロリーで太る」などの話では済まされません。

こうした理由から、糖質制限を続けていると健康を害するだけにとどまらず、死亡リスクまで高めてしまうのです。

実際、日本の研究チームが、これまでに発表された海外の複数の研究論文を分析し、長期的な炭水化物の制限があらゆる要因での死亡リスクを高めることを報告しています。しかも、分析対象となった研究の被験者は、白人系やラテン系、アジア系といったさまざまな人種・民族のルーツを持ち、なおかつ30～70代のあらゆる年齢層の男女であったことから、研究結果は信憑性や汎用性が非常に高いと思います。

そうでなくても、極端な糖質制限を続けていた人が若くして亡くなったという悲しい話は、日本国内でも頻繁に見聞きします。皆さんやその周囲の方々がその一人にならないよう、強く願わずにはいられません。

玄米は「緩やかな糖質制限」の最適解

第1章では、私が「あと一歩」だと評した、有名な日本人サッカー選手の食事法について紹介しました。全体的にはいわゆる「緩やかな糖質制限」を目指したもので、ドクターが科学的に裏付けながら監修しているそうなのですが、実はこのドクターがその根拠にしている研究論文でも、「糖質制限を行うべき」とは言っていません。正確には「グリセミック負荷を下げるべき」だと主張しているのです。

皆さんは「グリセミック指数」（ＧＩ）という言葉なら見聞きしたことがあるのではないでしょうか。特定の食品に含まれる炭水化物50ｇ分を摂取した際の血糖値の上昇度合いを、主にブドウ糖を基準（１００）として数値化したのがグリセミック指数です。そして、このグリセミック指数に、該当食品1食分に含まれる炭水化物の重量（ｇ）を掛け算した数値がグリセミック負荷（ＧＬ）です。同じ量の炭水化物を摂取しても、その組成（糖質と食物繊維の比率）や炭水化物以外の栄養素量などが食品によって大きく異なるため、グリセミック負荷はグリセミック指数よりも正確に血糖値の上昇度合いを示す指標であると考えられています。

とはいえ、炭水化物源だけに注目した場合は、どちらもほとんど変わりません。白米はグリセミック指数もグリセミック負荷も高く、玄米はいずれも低値です。結局はグリセミック負荷の低い玄米を主食にすればよいということになります。行うべきは糖質制限ではなく「白米制限」や「小麦粉制限」なのです。低炭水化物ダイエットではなく「低精製ダイエット」をすればいいのです。いたって単純な話です。

しかもこの論文では、食事のポイントとして次のようなことを推奨しています。

・精製穀物やジャガイモ製品、砂糖など、栄養的な質が総じて低くグリセミック負荷の高い炭水化物源を減らす

・デンプンの少ない野菜や豆類、熱帯産ではない未加工の果物など、グリセミック負荷の低い炭水化物源を心がける
・穀物製品を摂取する場合は、全粒穀物や、石臼など伝統的な技術で挽いた全粒粉を選ぶ
・種実類やアボカド、オリーブ油、その他の健康的な高脂肪食品を増やす
・植物性タンパク源も含め、適量のタンパク質（大量ではなく）の摂取を維持する

これらのポイントは私も概ね同意します。最も注目すべきは、高タンパクがよいとも言っていないことです。「植物由来を含めたタンパク源を適度に」としているだけです。そう考えても、やはりこのサッカー選手の食事法の特徴である、糖質3：タンパク質3：脂質4という摂取比率（重量比）では、タンパク質も脂質もとりすぎだと言わざるをえません。

一口に糖質制限といっても、その方法や度合いは多種多様であり、世間ではその全てが一緒くたに語られている風潮があります。その点で、玄米ご飯はよく噛むことで食べすぎることはありませんし、茶碗1膳分の糖質の量は白米より少なくなります。そこには糠や胚芽が含まれるからです。

こうしたことをふまえても、玄米食は「緩やかな糖質制限」の最適解なのです。

ケトン体の効果も糖質制限で得るべきではない

糖質制限を行う人の大半は、いわゆるダイエット（減量）を目的としています。炭水化物源、特に白米などの精製穀物を減らし、食事全体の摂取エネルギーが少なくなれば、自ずと体重が減ることになります。また、エネルギー源を糖質から脂質に移行することで、体脂肪が減りやすくなるともいわれています。しかし何度も述べているように、安易に糖質制限に取り組むのではなく、玄米ご飯を食べるようにすればいいだけです。

一方で、主となるエネルギー源が不足すると、体内では別のエネルギー生産システムに切り替わるという点に着目し、減量以外の目的で糖質制限を推奨する人もいます。それは「ケトン体を有効活用する」という考え方です。先ほどのサッカー選手の食事法も、実はこれが大きな目的になっています。

食べ物から糖質があまり入ってこなくなると、私たちの体はエネルギー源として脂質をあてにするようになります。このとき、脂質から最終的に生成されるのがケトン体という物質で、このケトン体が細胞内（ミトコンドリア）でのエネルギー生産に利用されるわけです。

ケトン体の有効活用という考え方自体は、ある部分で理にかなっています。しかし、だからといって「3：3：4」という比率を毎日の食事で実践すべきではありません。重量比ではなく摂取エネルギー比にすると、脂質は全体の5〜6割にも達するといいます。ちなみに、日本の伝統的な食事で25％程度、欧米型の食事でも4割程度ですから、やはり異常です。

特に、先ほどの論文で推奨していた食事のポイントでいえば「種実類やアボカド、オリーブ油、その他の健康的な高脂肪食品を増やす」必要があるわけですが、想像していただければすぐ分かるように、これらを増やすといっても限度があります。それぞれ、1回でそれほどたくさん食べるものではないからです。無理に増やせば油ギトギトの不自然な食事になります。

実際、この食事を始めた当初は胃もたれがする人も多いようで、体がケトン体を有効活用するシステムに変わるまで3～4週間かかり、その頃には食事にも慣れて胸やけも治まるそうです。そこまでして、こんな不自然な食事をとる気になるでしょうか……？

ケトン体の恩恵を受けるために私がおすすめするのは「断食」です。これはアスリートの皆さんのコンディショニングに不可欠な要素ですので、第6章で詳しくお伝えしたいと思います。いずれにせよ、ケトン体の効果を糖質制限で得るべきではありません。

「玄米は硬いから消化しにくい」という先入観

さて、ここからは、玄米を否定する人たちの主張や意見を紹介しながら、それぞれ検証していきたいと思います。

〝玄米は硬くて食べにくい／消化しにくい〟――。これは、否定派ではなくてもそう思っている人が多いかもしれません。いずれも「白米に比べて」というのが前提になっているわけですが、「玄米ご飯が硬い」というのは先入観にすぎないように思います。あるいは、白米のご飯を食べ慣れているせいで、食べ物の硬さ（歯ごたえ）に対する抵抗感や嫌悪感が強まっているのかもしれません。「やわらかくておいしい」「噛まなくても飲み込める」というのが、食べ物や料理への賛辞になっている世間の風潮からも、ことさらそれを感じます。

炊飯後の玄米をよく見れば分かるように、殻のようなものからご飯粒が飛び出したような状態です。殻は果皮や種皮であり、いわゆる糠の部分です。ご飯粒の部分は主にデンプンであり、白米ご飯と大して変わらない硬さです。殻の部分も硬くて食べられないというほどではありません。皆さんはもっと硬いものでも平気で食べているはずです。つまり、「玄米ご飯が硬い」というのは思い込みによる部分も大きいのではないかと思われます。

また、「玄米がそのまま便から出てきた」「玄米を食べているのに便秘が治らない」などの例は、いずれも、よく噛まずに食べている（飲み込んでしまっている）からだと考えられます。要は、咀嚼回数が足りていないので、よく噛んで食べればいいというだけの話です。

そもそも、玄米ご飯ごときで「硬い」「食べにくい」などと言っている人は、主食だけでなく普段の食事全体がやわらかいものばかりで構成されていて、「よく噛んで食べる」ということが習慣づいていないのでしょう。噛むことを半ば放棄しているようにも映ります。

歯ごたえのある食べ物は、よく噛んですりつぶさないと飲み込むことができないため、必然的に咀嚼回数が増えます。脳に満腹を知らせるホルモン（レプチン）は咀嚼によって分泌が促進されますから、歯ごたえのある殻を含んだ玄米ご飯をよく噛んで食べていると、自然と適量で満足感が得られることになります。

これとは対照的に、殻のない白米は全体がやわらかく炊き上がるため、よく噛まなくても簡単に飲み込むことができます。すると、咀嚼の刺激が不足してレプチンが適切に分泌されず、脳が満腹を認識しないせいで「食べすぎ」にもつながってしまうわけです。

噛みごたえのある食事を意図的にとろう

皆さんは、自分の咀嚼回数が少ないことを自覚しているでしょうか。むしろ、普段の食事がやわらかいものばかりで構成されているということさえ認識していないかもしれません。

日本人の咀嚼回数を比較した研究によると、戦前では1回の食事の合計で１４００回を超えていたのに対し、戦後では半分以下の６００回ほどになっています。食事にかける時間も、戦前の20分強に対し戦後は10分強と、やはり半分です。「よく噛まずに早食いする」という傾向が明白です。この研究が報告されたのは１９８０年代ですから、近年の減少傾向はさらに拍車がかかっていることでしょう。

噛むことは食べ物の消化・吸収のスイッチとなります。唾液の分泌が促進されるのはもちろんのこと、咀嚼の刺激は脳から胃に伝わり、咀嚼度合いに見合った量の胃液が分泌されるほか、膵液や胆汁などの消化液もこの刺激に応じて分泌されます。食べ物は消化されてこそ、初めて私たちの体が利用できるようになるわけであり、これらは極めて重要なプロセスです。

しかし、消化器系をはじめとする内臓の機能は、そのほとんどが無意識的に行われるため、消化機能を高めようと思っても、筋肉（骨格筋）のように意識的にトレーニングを行うのはなかなか困難です。消化液を出そうと念じても勝手に出てきてはくれません。そんな中で私たちが唯一できるのが、「よく噛んで食べる」というトレーニングなのです。

それに、食べ物を噛むこと（咀嚼）と飲み込むこと（嚥下）には、実に10種類以上もの脳神経がかかわっているといわれています。具体的には、嗅覚や味覚の神経で食べ物の風味や安全性を確かめ、視覚の神経で食べ物の見た目や距離、噛む強さなどを判断し、聴覚の神経で噛んだときの音を聞いて食べ物の硬さ（食感）を認識し、舌の奥の神経は唾液腺を刺激します。また、複数の神経が連携することで、顔や顎、舌、喉、さらには首から背中にかけての筋肉をコントロールしています。つまり、よく噛んで飲み込むという食事をしていれば、これらの神経や筋肉のトレーニングにもなるというわけです。

よく噛んで食べることの効用をまとめた「ひみこのはがいーぜ」という語呂合わせがあります（**図9**）。歯の役割は「食べ物を細かくして消化を助ける」ということにとどまらず、アスリートの皆さんのコンディショニングやパフォーマンスにも幅広く関係しているのが、よく分かるのではないかと思います。

卑弥呼が邪馬台国を治めていたとされる2～3世紀頃の食事は非常に硬いものが多く、1回の食事の咀嚼回数は実に４０００回にも及んだといわれています。現代の食事とはあまりに違

図9　ひみこのはがいーぜ

出典：学校食事研究会ホームページ（https://www.gakkounosyokuji.com/）

いすぎます。当時の人たちは「玄米ご飯が硬い」などとはみじんも思わなかったことでしょう。

世間では「一口で何回噛みましょう」などと言われますが、普段の食事の中でよく噛むことを意識するのは、なかなか難しいものです。逆に、意識しなくてもよく噛めるように、よく噛まずには飲み込むことができないような食事をとればいいのです。具体的な食べ物の例としては、根菜類や漬物、キノコ類、こんにゃく、種実類などが挙げられます。そしてその柱として、主食を玄米ご飯にすれば、自然と「噛みごたえのある食事」になることでしょう。いつの間にか、上半身の筋肉や神経のトレーニングができているはずです。

玄米にまつわる悪評は「水に流す」で全て解決!

〝玄米には人体に有害な物質が含まれるから、白米のほうがよい〞――。これも、玄米否定派の主張としてよく見聞きするものです。具体的には「フィチン酸」や「アブシジン酸」などが批判の的になっています。

フィチン酸は、イノシトール6リン酸とも呼ばれており、玄米の糠の部分に多い物質です。ミネラルと結合しやすい性質があり、糠の中でもミネラルと結合した状態で存在することから「玄米を食べてもミネラルが吸収されない」、あるいは「食事から得たミネラルが玄米のフィチン酸のせいで吸収を妨げられる」などの噂につながっているようです。

そもそも、フィチン酸によるミネラル吸収阻害の可能性が示唆されたのは1960年代の研究結果によるもので、近年ではむしろ、大腸がんや乳がん、肺がん、皮膚がんなどに対する抗がん作用が注目されています。また、仮にフィチン酸の影響によってミネラルが吸収されることなく体外に排出されたとしても、それは微々たるものにすぎません。玄米を柱とした植物性主体の食事全体に含まれるミネラル（吸収されるミネラル）の量が、それをはるかに上回るからです。

それに、籾殻をとっただけの玄米は「稲の種子」として生きています（条件が揃えば発芽します）。そして、玄米の中では、フィチン酸と結合しているミネラルを切り離す「フィターゼ」という酵素がつくられていて、発芽のスイッチが入るとこのフィターゼが活性化します。その方法は「炊飯前にしっかり水に漬けておく」だけですから、誰でも簡単に行えます。

一方のアブシジン酸は発芽抑制物質ともいわれていて、種子が勝手に発芽してしまわないようにストッパーとしての役割を果たしている物質の一種です。アブシジン酸は稲の中では活性酸素をつくり出し、この活性酸素の信号を通じて種子の成熟や休眠などを誘導することが知られています。そこから「アブシジン酸を多く含む玄米を食べると、人間の体内でも活性酸素が大量に発生して酸化ダメージを受ける」という話が出てきたようです。

この話の真偽は定かではないものの、いずれにせよ、こちらも「炊飯前にしっかり水に漬けておく」だけで簡単に解決します。玄米が発芽モードになるとアブシジン酸が不活性化することが分かっているからです。あるいは加熱調理（炊飯）で消失するともいわれています。

また、玄米に含まれるアブシジン酸の量はそれほど多いものではなく、柑橘系の果物や大豆などには玄米の10倍以上ものアブシジン酸が含まれることも分かっています。さらには、アブシジン酸は私たちの体内（細胞内）でもつくり出されていて、糖代謝や炎症緩和など、有益な働きをすることも報告されているのです。アメリカではむしろ、アブシジン酸を積極的に摂取して心臓病や糖尿病を防ごうと推奨されているくらいです。

いずれにせよ、玄米を食べることのメリットは計り知れません。たとえ不都合な要素があったとしても、それを相殺して余りあるからです。しかも、そんな不都合な要素も、水に漬けたり炊飯したりするだけで一挙に解決するとなれば、もはやとるに足りません。そこが、第3章で指摘した肉や乳製品とは決定的に異なるところです。

皆さんはどうか安心して玄米ご飯を食べてください。

少なくとも玄米は無農薬のものを選ぼう

白米と比較した場合、玄米の唯一の弱点といっても過言ではないのが「農薬」の問題です。玄米は白米よりも残留農薬のリスクが高いからです。玄米に含まれる残留農薬の基準は、0・5ppm（玄米1kg中に0・5㎎）と厚生労働省によって定められています。これが多いのか少ないのかという話は抜きにしても、「市販の玄米には農薬が残留している」という事実を証明しているようなものです。

農薬などの化学物質は油に溶けやすい性質（脂溶性）であるため、コメの中で脂質の多い糠や胚芽に蓄積しやすくなります。特に、残留農薬の8割以上が糠に集中していることが知られています。つまり、農薬を使って栽培・収穫されたコメであれば、残念ながら、玄米よりも白米のほうが安全であるともいえるわけです。実際、農薬が残っている玄米でも、精米によってその7割は除去されるともいわれています。

とはいえ、だからといって「玄米は危険だから白米を食べよう」などと考えるのはあまりに早計です。単純に、残留農薬の心配がない玄米を食べればいいだけの話です。

このような玄米は、自然食品店やインターネットなどで購入することになるわけですが、スーパーなどで一般的に売られているコメに比べればかなり値が張ります。安いものでもだいたい2倍くらいはするでしょう。毎日食べるものですし、家族が多いご家庭などでは特に、それなりの出費になるかとは思います。

それでも、月に数万円などの差額にはならないでしょうから、ぜひ無農薬の玄米に優先してお金を使っていただきたいと思います。自活していて経済的に余裕のないアスリートも決して少なくないかもしれませんが、アスリートの皆さんにとっては「無農薬の玄米を主食にする」という選択が、勝利や成功につながるノーリスク・ハイリターンの先行投資になることは間違いありません。お菓子や娯楽に使うお金があるのなら、そのお金で質の高い玄米を買って食べてほしいと思います。皆さんにとっては食事も立派なトレーニングです。

図 10 「スーパーミネラル玄米ご飯」のレシピ

①玄米を洗い、通常通りの水加減にする。マグネシウムを入れて 12 ～ 24 時間浸けておく。

マグネシウム分の水の増減は不要です。マグネシウムは液体タイプのものを使用すると便利です。玄米は 2 合につきマグネシウム約 120mg を目安にしてください。

②通常通り炊飯する。粗熱をとっておにぎりをつくり、そのまま冷ます。

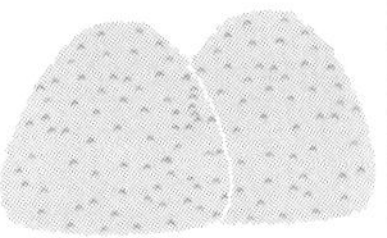

せっかくの炊きたてアツアツのご飯を冷ますなんて…と思われるかもしれませんが、ご飯が冷えると「レジスタントスターチ」という成分が増加します。レジスタントスターチは大腸の腸内細菌の餌となり、腸の健康を高めてくれる嬉しい成分です。

「スーパーミネラル玄米ご飯」のすすめ

さてここで、私がおすすめする、とっておきの玄米ご飯を紹介しておきましょう。その名も「スーパーミネラル玄米ご飯」です。ポイントは「万能ミネラルのマグネシウムを加えて炊飯する」ことです。

ここまでお伝えしてきたように、玄米はそのまま炊飯するだけでも自然とよく噛んで食べる習慣が身につくほか、マグネシウムや亜鉛などのミネラルや各種ビタミンB群、食物繊維、それに玄米特有の有用成分が得られるなど、メリットがたくさんあります。そこへさらに、女子サッカーチームも補給していたマグネシウムを一緒に加えて炊飯するのです。

近年では、農薬や化学肥料のせいで日本中の田んぼや畑の土が不健全になっています。農作物に含まれるミネラルは全て土から吸収されたものですが、収穫を繰り返すと土の中のミネラルが枯渇していきます。そこへ化学肥料で補おうとすると、特定のミネラルしか含まれないため、土のミネラルバランスは大きく偏ってしまいます。

特に大打撃を受けるのがマグネシウムです。化学肥料に多いカリウムがマグネシウムと拮抗（反発）し合って、マグネシウムが農作物に取り込まれにくくなるといわれているからです。マグネシウムは葉緑素の構成成分として欠かせませんから、マグネシウムが不足した農作物は光合成が十分にできず、生育にも悪影響を及ぼすことになります。

また、農薬を使うと土の中の生態系が崩壊し、これまで土づくりに貢献していた微生物にも悪影響を及ぼすため、やはり土の中のミネラルが激減してしまうのです。

その結果、たとえ農薬や化学肥料を用いずに栽培された農作物であったとしても、マグネシウムなどのミネラルの含有量が昔に比べて大幅に低下してしまっています。このため、同じように玄米ご飯を食べたとしても、かつてのような栄養を得ることが難しくなっているのです。こうした背景から、できるだけ自然かつ簡単な方法で、ミネラルの代表格であるマグネシウムを強化しようと考えたわけです。

私が特におすすめするのが、この玄米ご飯でつくった「おにぎり」です。冷やご飯には、玄米にもともと多いレジスタントスターチという特別な成分がさらに増加していて、腸内フローラの健康維持に大きく貢献してくれます（このあたりは第5章で詳しくお伝えします）。そして何より、マグネシウムを強化するとご飯がしっとりし、ご飯粒も立ち、冷やご飯でもますますおいしく、よく噛んで食べられるというメリットもあります。

お好みで、大豆や黒豆のほか、もち麦や押し麦、ヒジキ、刻んだ根菜類などを加えて一緒に炊き込むのもよいでしょう。特に、もち麦や押し麦には水溶性の食物繊維が非常に多く、主食としての質がさらに大きくレベルアップします。

ぜひ皆さんも実践してみてください。玄米ご飯特有の風味が苦手だという人でも、これならおいしく食べられるはずです。

相撲部屋やプロ野球チームにも玄米やマグネシウムが浸透

２０１９年6月、私は大相撲名古屋場所（7月場所）に向けて稽古中の、宮城野部屋の宿舎を訪れる機会がありました。

宮城野部屋の大横綱・白鵬関とは以前から縁があり、コンディショニングのサポートをさせてもらっています。このときは白鵬関から直々の依頼を受けて、同部屋の炎鵬関と石浦関にもコンディショニングの話を詳しく教えてやってほしいということで訪問し、当初は、この３人に声をかけて話をするつもりでした。

ところが、いざ宿舎の稽古場に行くとテレビ局の記者やアナウンサー、カメラマンも来ていて、なんとその中で部屋の力士たちが腰を下ろして私の話を聞いてくれるという、思わぬ貴重

図11　宮城野部屋の稽古場にて

な機会を得ることができました。

そこでは、スポーツにおける高炭水化物食の重要性、それに伴う高マグネシウム食の重要性をメインに話しました。昔の日本人が肉などを食べないのにいかにパワフルで健康的だったか、今の食事がいかに疲れやすくケガや現代病の原因であり、中でも相撲ではとりわけ「何をどう食べるか」が大切であることなどを、資料と共に説明しました。

例えば地方巡業などでは、なんとコンビニ弁当が力士たちの昼食として提供されているのが現状です。質の悪い油や食品添加物の温床ともいうべき代物を、約1ヶ月も続く地方巡業で食べ続けていれば、彼らの細胞の環境はこれでもかというほど悪化することでしょう。こんな状態で本場所を迎えるのかと思うと、暗澹たる気持ちになります。そうした思いも彼らに改めて

図 12　横浜 DeNA ベイスターズの皆さんと

伝えたのです。
　そしてその場の全員で、用意した「スーパーミネラル玄米ご飯」の特製おにぎりをよく噛んで食べてもらいました。宮城野親方にも一緒に話を聞いていただいたのですが、親方は「自分の若い頃は麦飯をどんぶり10杯食べていた」「その頃は今のようなケガなどなかった」と、私の話をさらに強化してくださいました。
　同年には、プロ野球セ・リーグの横浜ＤｅＮＡベイスターズの選手とコーチに向けて、食やコンディショニングに関するミニセミナーも行いました。坪井コーチをはじめ、ベイスターズの面々とも長らく縁があり、キャンプ地を訪問したり、球場に足を運んだりしています。
　こうしたプロ野球界との交流も、全ては稲尾和久さん（故人）との出会いが始まりでした。稲尾さんといえば、巨人にＯ《オー》（王貞治さん）・Ｎ《エヌ》（長嶋茂雄さん）ありという時代に西鉄（現・西武）の投手として活躍し、「神様、仏様、稲尾様」といわれたほどの名投手だった人です。

私は1990年から1993年の4年間、毎日小学生新聞に、親子向けの記事やスポーツコンディショニングに関する記事などを連載していたのですが、その当時、現役引退後の稲尾さんが私の記事を読んだとのことで、いきなり電話をかけてこられたのです。その記事は、マグネシウム欠乏とアスリートの脚のけいれんやこむら返りについて説明したものでした。

稲尾さんいわく、毎年行われているプロ野球名球会のチャリティーゴルフ大会で、最終ホールになると必ずといっていいほど脚がけいれんするとのことでした。そこで私はすぐさま、マグネシウムの補給をアドバイスしました。すると稲尾さんは、マグネシウムの補給を始めて間もなく、脚のけいれんに悩むことがなくなったのです。

その後、稲尾さんから現役時代の落合博満さんを紹介していただいたり（落合さんのエピソードは第6章で紹介します）、前述の王さんや長嶋さんをはじめとする、プロ野球界のスーパースターの面々とご縁ができたりして、セ・パ両リーグのさまざまなチームや選手に対し、コンディショニングの重要性を伝えていくようになりました。

そのひとつが西武ライオンズ（伊東監督時代）での取り組みです。2005年シーズンの春季キャンプで、チームの食事に玄米ご飯が導入されたのです。

西武のキャンプでは過去にも玄米ご飯が提供されたことがあるのですが、これはその当時の監督からの強制であり、選手の間でも不評だったといいます。しかし今回は全く違いました。選手側からの要望でメニューに加えられたのです。

図 13　西武ライオンズの食の取り組みに関する新聞記事

それは、私がコンディショニングのアドバイスを行っていた選手たちでした。特に、当時現役だった和田一浩さんが中心となって働きかけてくれました。彼は腰痛やケガに悩まされていて、シーズン途中で頻繁に離脱していたのですが、私がアドバイスを始めた前シーズンは年間を通じて活躍し、コンディショニングにおける食や栄養の重要性をよく理解してくれていました。

実際、このキャンプでの大きなケガ人はゼロだったそうで、チームの取り組みの様子は、スポーツ紙でも大きく取り上げられることとなりました。

ベイスターズの選手とコーチたちには、こうした経緯や歴史なども話しました。何といっても体が資本のアスリート、そしてコーチ陣などスタッフも、こういうことを常に学ばなければなりません。彼らにもその大切さが改めて伝わったのではないかと思います。

玄米ご飯でカーボ・ローディングを日常的に

ところで、アスリートの皆さんであれば「カーボ・ローディング」という言葉を一度は見聞きしたことがあるのではないかと思います。あるいは、すでに実践している／実践したことがあるという人もいることでしょう。

カーボ・ローディングはグリコーゲン・ローディングとも呼ばれており、エネルギー源となるグリコーゲン（ブドウ糖の貯蔵型）を通常よりも体内に多くため込むための方法です。これによって運動に必要なエネルギー源を維持し、パフォーマンスを増大させることができるといわれています。特に、エネルギー消費量の多い持久系のスポーツでは多くのアスリートが取り入れているようです。また近年では、持久系だけでなく瞬発系の競技にも有効であることも分かってきています。

しかし、そのやり方が適切でないと、むしろコンディショニングやパフォーマンスに悪影響を及ぼしかねません。それにもかかわらず、適切でない方法がまかり通っているように思います。

現在の主流は、試合本番の1週間前あたりから普段の食事を続けながらトレーニングの量や強度を少なくし、3日前あたりから前日にかけてはそのまま高炭水化物食に切り替える……という方法です。これによって、筋肉や肝臓のグリコーゲンを通常の2〜3倍に増加できるといわれています。

一方で、私がどうしても気になるのは、カーボ・ローディングにおいても「炭水化物を何からとるか」という点が見過ごされがちであることです。白米やうどん、パスタなど、コメと小麦粉食品が一緒くたになっているのはもちろん、いずれも「精製された炭水化物源をとること」が半ば当然のようになっています。貯蔵していたグリコーゲンをブドウ糖に変えて、さらにそこからエネルギーをつくり出すにはミネラルやビタミンが不可欠であり、どちらも食品の精製で失われてしまうわけですが、カーボ・ローディングをすすめる側も実践する側も、この最も基本的な知識が抜け落ちているように思えてならないのです。

結局のところ、普段から玄米ご飯を柱とした質の高い高炭水化物食を続けてさえいれば、何か特別な方法を実践しなくても、適切かつ有意義なカーボ・ローディングになっていると思います。少なくとも、「甘いものを大量に食べる」「うどんをおかずに白米ご飯をかき込む」などの無茶苦茶なやり方は、絶対にしないようにしてください。

ここで、究極のカーボ・ローディングともいうべき「玄米断食」についても紹介しておきましょう。玄米断食とは、玄米以外の食を断つこと、つまり玄米ご飯だけを食べて過ごすことです。具体的には、特に最初の10日間は玄米ご飯のみを食べるようにします（梅干しや良質な粗塩などは食べてもよい）。それ以外には、汁物もおかずもいっさい食べないのがポイントです。

11日目以降は、具が少なめの味噌汁→具だくさんの味噌汁→野菜のおかず……といった要領で、玄米ご飯以外のものを徐々に加えていき、トータル14日間のプログラムを完遂します。

私自身もときどき実践していて、この期間中はいつもにも増して活力に満ち、心身が穏やかになる感覚があります。ぜひ皆さんもお試しください。ちなみに、本当の（本物の）断食がアスリートにもたらす効果については、第6章で詳しくお伝えします。

Eat More Good Carbohydrate ～よい炭水化物をもっと食べよう～

医師でもあり栄養学者でもある、元ハワイ州立大学教授のテリー・シンタニ氏は、極度の肥満に苦しむハワイの先住民に対し、食生活の改善による減量法を考案し、普及に努めた人物です。私は縁あってシンタニ氏にハワイで直接お会いし、いろいろな話をしたり、講演を依頼したりしたことがあります。

もともと、ハワイには肥満者がほとんどいませんでしたが、アメリカに併合されて欧米型の食事が一気に広まった近年では、世界最悪の肥満率に達してしまっていました。そこでシンタニ氏は、ハワイ先住民が昔から主食としてきたタロイモ（サトイモの仲間）を中心に、野菜や果物が豊富な植物性主体の食事を準備し、「この食事なら好きなだけ食べてもよい」というルールの下で、ハワイ先住民から有志を募って3週間の実験を行ったのです。先住民が摂取したこの食事の1食分は、実に1000kcalを軽く超えていて、彼らが普段食べている欧米型の食事とほとんど同じエネルギー量でした。

ところが3週間後、先住民たちの体には劇的な変化が起こっていました。体重は平均で7〜8kgも減ったほか、血圧や血糖値などの数値もことごとく改善していたのです。

彼がモットーにしているのが「よい炭水化物をもっと食べよう」(Eat More Good Carbohydrate)です。炭水化物をひとまとめにせず、優れた炭水化物源――すなわち精製度合いの低い高炭水化物食品――を柱としたハワイの伝統的な食事であれば、摂取エネルギーなど全く気にすることなく、好きなだけ食べてもよい。食べれば食べるほど健康的な体重を手に入れ、健康も維持増進できる……というわけです。

彼の精力的な活動もあり、現在のハワイは全米で最も健康度の高い州の常連になっています。これぞまさに、質の高い高炭水化物食のなせる業です。

なお、高炭水化物食が人類の進化(脳の巨大化)に不可欠であったことを、スペインやイギリス、オーストラリアの国際研究チームが報告しています。そこでは、炭水化物(特にデンプン)の豊富な植物性食品の摂取と、火を用いた加熱調理によるデンプンの利用効率の上昇、そして唾液中のデンプン分解酵素(アミラーゼ)の生産量増加という3つの要素が組み合わさることによって、今から200万年前あたりから、人類の脳が急速に進化していったと主張されているのです。

スポーツの上達には頭を使うことが大切だとよくいわれます。頭脳プレーを随所に発揮するためにも、質の高い高炭水化物食を実践すべきだということです。

パンをご飯の代わりに食べてはいけない！

一方の日本はどうでしょうか。玄米はおろか、コメそのものの消費量も低下していて、2010年あたりからパンに逆転されてしまっているのが現状です（図14）。炭水化物源の「低質化」を象徴するものであり、実に嘆かわしい限りです。

そもそも、多くの人が普段何気なく行っている食事の中で、不自然な要素の極みともいうべきものが「パンを食べる」ということです。主食の選択肢としてパンが当たり前のように定着し、コメのご飯と同等の扱いを受けています。しかもそれは、精白小麦粉でつくられた白パンです。そして、このような現状に違和感を覚えないこと自体、日本の食生活は異常事態に陥っていると言わざるを得ません。

市販のパン、特に、包装されてスーパーやコンビニで売られているものは、マーガリンやショートニングなどの加工油脂が多用され、有害なトランス脂肪酸の温床となっています。たとえ加工油脂ではないとしても、パンの原材料全体のうち15％も油が使われていますから、パンを主食にすると高脂肪食にも直結してしまいます。それに、その他の添加物や乳製品もふんだんに使われているほか、製パンには塩や砂糖といった調味料も欠かせません。

また、小麦粉自体にもリスクがあります。グルテンの問題は後の章でお伝えするとして、意

図14　コメとパンの消費金額の推移

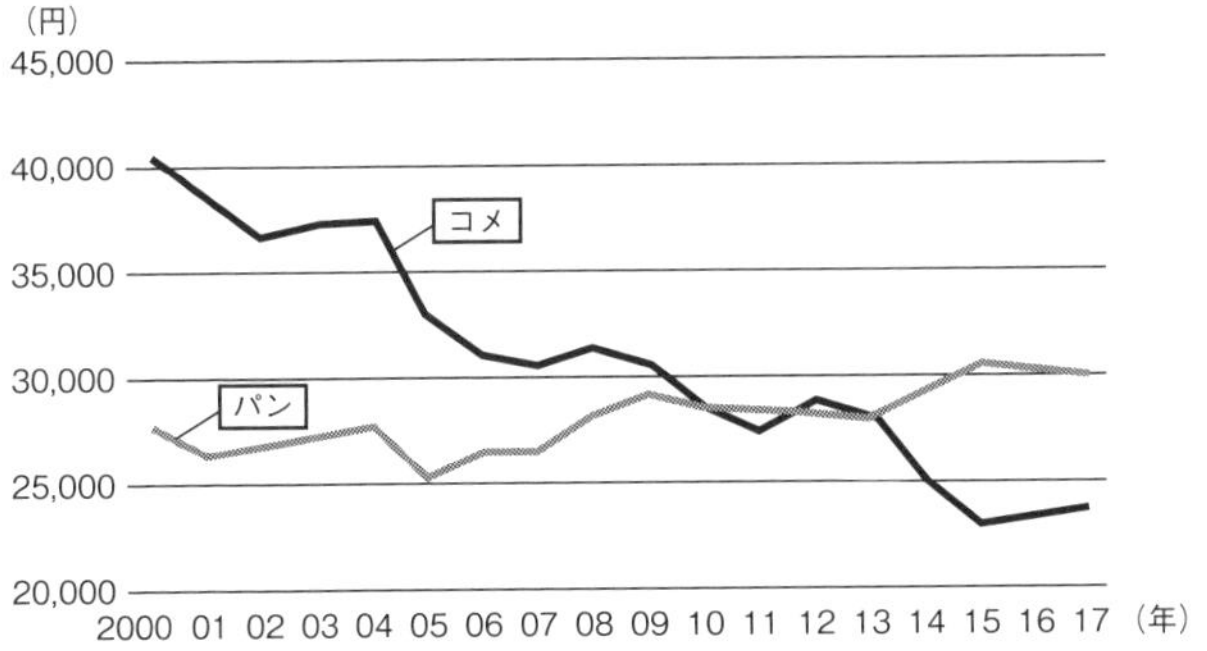

総務省統計局ホームページを参考に作成

外に知られていないのが「残留農薬」の問題ではないでしょうか？　日本で流通している小麦粉の9割は輸入小麦からつくられたものですが、輸入小麦の大半は残留農薬に汚染されていることが分かっているのです。

これとは対照的に、米飯の材料は、コメと水だけの実にシンプルなものです。基本的には何の味付けも行わず、余計な油や添加物なども無縁です。それなのに、万人がおいしいと感じます。

部首の中に「米」が入った漢字は、実に700以上にのぼります。例えば、旧字体の「氣」のほか、「精」や「歯」などがあります。コメがいかに私たちの心と体を支え、私たちの生活や文化と密接にかかわってきたかを如実に物語っています。そして、数千年もの稲作の歴史で培われてきたのは「玄米を食べる」という習慣です。白米を食べ始めたのはたかだか400年前にすぎません。これだけを見ても、パンや麺類と同列に扱えるようなものではありません。コメに、玄米に、私たちはもっと敬意を払うべきだと思います。

そして、肉類や乳製品と同様、白米や精白小麦粉などの「白い主食」に対しても、これからは嗜好品として認識してください。どうしても食べたい人は食べればいい。ただしリスクを承知で、自己責任で食べるようにしてください。

アスリートだからこそ、もっと玄米を――。この基本中の基本を押さえた上で、次の章ではいよいよ「超人をつくるアスリート飯」を披露することにしましょう。

第5章

これが「超人をつくるアスリート飯」だ！

「共に暮らす仲間たち」のために食べる――①ミトコンドリア

ここまで読まれた皆さんは、コンディショニングの一環としての「食」の重要性を、これまで以上に強く認識してくださったことかと思います。「何をどう食べるか」がコンディショニングやパフォーマンスに直結する。だからこそ、食事の取捨選択にはもっと意識を向けるようにしよう――こんな方が一人でも増えていれば、私も嬉しい限りです。

この章では、「超人をつくるアスリート飯」をご紹介するにあたって、「何をどう食べるか」に加えて「誰のために食べるか」についても考えてみたいと思います。

「誰のためにと言われても、自分のために決まってるんじゃないの?」。皆さんからそんな声も聞こえてきそうですが、それは文字通り、半分だけ正解です。食事の半分は「皆さん自身」のために食べてください。では、残りの半分は誰のために食べるべきかというと、皆さんと共に暮らしている「仲間たち」です。

そのひとつは「ミトコンドリア」です。ミトコンドリアといえば、細胞のエネルギー生産工場として有名です。ガソリンのない自動車や電気のない冷蔵庫が「ただの箱」として役立たずになってしまうように、ミトコンドリアの不調でエネルギーを適切につくることができなくなると、私たちの体は生命活動が正しく行えない「ただの箱」と化し、さまざまな不調や病気に見舞われることになります。

ミトコンドリアは「若いかどうか」も重要です。というのも、老化したミトコンドリアはエネルギーの生産効率が落ちるだけでなく、余計な活性酸素まで発生させる厄介者になるからです。どんな食事をとるか、そしてどんな生活習慣を送るかが、ミトコンドリアの若さを大きく左右します。

そんなミトコンドリアは、実はもともとは「別の生き物」だったという説が有力です。その証拠に、ミトコンドリアは独自のＤＮＡを持っていたり、分裂・増殖・融合したりすることが知られています。そしていつの間にか、人間をはじめとする生物の細胞に入り込み、今や細胞に不可欠な存在として共生関係を築くようになったというわけです。

ミトコンドリアは筋肉や脳の細胞には特に多く、最大で数千個に及び、平均するとひとつの細胞に３００～４００個が存在するといわれています。体重60kgの人なら約60兆個の細胞でできていて、このうち20兆個ほどは赤血球（ミトコンドリアなどの細胞小器官を持たない）であることをふまえても、ミトコンドリアの合計は兆の上の京《けい》、１・５京個前後にも達することになります。私たちは誰もが、自分の細胞よりはるかに多いミトコンドリアと共に暮らしているのです。

「共に暮らす仲間たち」のために食べる――②腸内フローラ

もうひとつの仲間たちは常在微生物、特に「腸内フローラ」です。皮膚の表面や口の中、さらには目の表面に至るまで、私たちの全身をびっしり覆いつくすように無数の微生物が暮らしていて、その数は1000兆個を超えることが知られています。そのほとんどが大腸内に存在しているのですが、数に加えて種類も多く、3万種類もの微生物が生態系を形成していて、これらは腸内フローラ（腸内微生物叢）と呼ばれています。

そして、腸内フローラを構成する微生物同士がギブ&テイクの共生関係を築きつつ、住み着いた先の私たち人間とも、お互いに欠くことのできない関係性が成り立っています。

後述するように、近年ではアスリートと腸内フローラの研究も盛んに行われています。その中では、アスリート特有の腸内フローラがあることや、特定の腸内細菌がその鍵を握っていること、さらにはそれがアスリートのパフォーマンス向上に直結することなども、次々に分かってきているのです。

現時点では「スポーツと腸内細菌がどう関係あるんだ⁉」と不思議に思われるかもしれませんが、その関係性を知れば、皆さんも大いに納得されることでしょう。また、腸内フローラのために食べることの意義も、十分に理解していただけるはずです。さしずめ、アスリートにも「腸活」が不可欠だということです。

ただしそれは正しい方法でなくてはなりません。ヨーグルトを食べればいいと思った方は大間違いです。第3章に戻ってしっかり復習してきてください。

さて、こうした「共に暮らす仲間たち」に共通するのは、いずれも一方的に寄生しているわけではなく、私たちの体を構成する細胞とも密接な共生関係にあることです。だからこそ、毎日の食事の半分はミトコンドリアや腸内フローラのために食べることが、ひいては皆さんのコンディショニングやパフォーマンスの向上につながるのです。つまり、彼らがきちんと働けるような環境を整えるためにも、毎日の食事の取捨選択を行う必要があります。

とはいえ、何も難しいことではありません。腸内フローラが望む食事は、ミトコンドリアが若々しく活躍する食事でもあります。そして、全身の細胞も、共に暮らす仲間たちも、諸手を挙げて喜ぶのが「超人をつくるアスリート飯」だからです。

常に「高MAC食」を心がけよう

そこで大きなポイントになるのが「高MAC食」です。

MACは、Microbiota-Accessible Carbohydrate の頭文字をとった言葉で、私たち人間は利用（消化）できないけれども、共生微生物たち（腸内フローラ）が利用可能な炭水化物のことを指します。要するに「食物繊維」のことなのですが、例えば第4章で少しだけ登場した「レジスタントスターチ」もMACに含まれます。レジスタントスターチは難消化性デンプンとも呼ばれていて、普通のデンプンのようには消化されず、そのまま腸に到達します。つまり、デンプン（糖質）なのに食物繊維と同じような健康効果を発揮するのです。

レジスタントスターチは、炊飯してから時間がたって冷めたご飯に豊富に含まれますが、日本では、おにぎりや弁当、寿司など、冷やご飯をおいしく食べる「レジスタントスターチ文化」がもともと根付いています。それに、玄米や豆類は食物繊維が豊富である上に、加熱後に冷ますというプロセスを経なくても、別の種類のレジスタントスターチがもともと多く含まれることが知られています。私たちは普段の食事から、ＭＡＣの恩恵を余すことなく受けることができる環境にあるというわけです。

さらに言えば、特定の物質や食べ物がＭＡＣやＭＡＣ含有食品に該当するかどうかは個人差もあります。例えば「海藻類」がよい例です。第3章でもご紹介したように、日本人の多くは海藻を分解できる腸内フローラを持っていますが、欧米人はほとんど持っていません。ということは、多くの日本人にとっては海藻がＭＡＣ食品に当てはまるけれども、欧米人にとってはＭＡＣ食品ではないことになります。だからこそ、腸内フローラの多様性が大きな意味を持つわけです。腸内細菌の種類が多ければ、さまざまな種類のＭＡＣの恩恵を受けられるようになるからです。

世界の多くの国々（特に先進国）では、毎日の食事が低ＭＡＣ食になっているせいで腸内フローラの多様性が低下し、さまざまな健康問題に見舞われています。実際、低ＭＡＣ餌のマウスでは腸内フローラの多様性が減少すること、この影響が数世代に及び、さらに悪化していくことがアメリカの研究でも示されています。その一方で、アメリカの別の研究では、米糠を摂取した人の腸内フローラの多様性が高まることも分かっているのです。玄米ご飯を柱とした高ＭＡＣ食を、常に心がけましょう。

腸内フローラがアスリートの心と体を強くする理由

ではそもそも、なぜ高MAC食がよいのでしょうか？　私たちが受けることのできるMACの恩恵とは、いったい何でしょうか？　腸内フローラの多様性が高いことは、私たちにどのようなメリットがあるのでしょうか？

そのキーワードとなるのが「短鎖脂肪酸」です。

短鎖脂肪酸は、腸内フローラがMACを餌にした際に生成される物質（代謝産物）の一種です。酢酸とプロピオン酸、酪酸の3種類が、主な短鎖脂肪酸として知られています。これらが弱酸性の性質を持つことや、腸の細胞のエネルギー源になることによって、腸内環境が良好に維持され、大腸がんを防いだり腸内フローラの多様性を高めたりすることに貢献しているのですが、短鎖脂肪酸による健康効果はこれだけにとどまりません。

これまでに、過剰な体重や体脂肪の減少、血糖値の改善、抗炎症作用、免疫系のコントロール、心臓の保護、ストレスや不安の軽減、体温調節、骨量の増加、インフルエンザの予防、食物アレルギーや喘息の緩和など、心身のさまざまな面に役立つことが報告されているのです。

短鎖脂肪酸の中でも、特に「酪酸」の多種多様な効果が注目されていて、これらの報告の大半が酪酸によるものです。

もともと、日本人の腸内フローラは世界的に見ても非常に優れていることが知られています。それは、酪酸をつくり出す力が群を抜いて高い（酪酸をつくり出す腸内細菌の種類や数が多い）からです。これは、コメを主食に、ＭＡＣの豊富な植物性主体の食事を古くから続けてきた賜物にほかなりません。植物性主体の食事をしている人ほど短鎖脂肪酸の血中濃度が高いことも示されています。つまり、高ＭＡＣ食が習慣化するうちに、酪酸を大量につくり出す「世界最強の腸内フローラ」が、時間をかけてじっくりと構築されていったのだと考えられます。

そして、短鎖脂肪酸の供給源となっている主要なＭＡＣがレジスタントスターチであり、なかでも酪酸の産生源としても優秀であることが分かっています。改めて、日本の食文化や冷やご飯文化のありがたみを感じずにはいられません。

このように、食物繊維や腸内フローラの役割は「お腹の調子を整える」といった次元の話ではないことがお分かりいただけたでしょう。現に、アスリートの腸内フローラを調べてパフォーマンス向上につなげようとする取り組みが国内でも始まっていて、取り組みの成果をアスリートに還元し、２０２０年の東京五輪で大いに活躍してもらおうと期待されています。

このように、一般の人はもちろん、アスリートの皆さんには特に高ＭＡＣ食が重要になってくるというわけです。

アスリートの腸には「実力増進菌」が多い！

とはいえ、腸内フローラや食物繊維とスポーツの関係といわれても、ピンとこない人が多いかもしれません。ここで、皆さんも大いに興味がわくと思われるアメリカの研究結果をご紹介しておきましょう。それは、アスリートの腸には、運動能力を高める特別な腸内細菌が多く存在するのではないか……というものです。

研究では、マラソンランナーと座位時間の多い人で腸内フローラを比較しました。すると、マラソンランナーでは特定の種類の細菌が多かったほか、マラソンを走った後では走る前に比べてこの細菌がさらに増加していました。そこでマウスの腸にこの細菌を導入したところ、なんと運動能力（持久力）が顕著に向上したのです。

さらに調べると、この細菌は短鎖脂肪酸のプロピオン酸を多くつくり出していることが分かりました。そして、今度はマウスの腸にプロピオン酸を導入すると、この細菌を導入したときと同じように運動能力が高まったのです。

プロピオン酸がどのように運動能力を向上させるのかについては現時点で分かっていませんが、いずれにせよ、アスリートの腸には「実力増進菌」が多く、この細菌が生成する短鎖脂肪酸がパフォーマンス向上の鍵を握っていることは間違いなさそうです。

なお、この細菌は乳酸をプロピオン酸に変換していて、運動時に発生した乳酸が血液を介して腸管内にも到達し、この乳酸を利用していたことも分かっています。一昔前に疑われていた、「乳酸が筋肉疲労の原因物質」という説が近年では覆されていることは、おそらく皆さんもすでにご存じでしょう。実際には、細胞内で再びエネルギー生産システムに入り込んだり、肝臓に届けられてブドウ糖の合成（糖新生）に利用されたりします。

さらに、腸内で乳酸をつくり出すといえば、皆さんにもおなじみの「乳酸菌」です。こんなところからも、腸内細菌同士の共生関係が見えてきますし、だからこそ、腸内フローラの多様性が重要であることも改めて認識させられます。そして最近では、アスリートは一般の人に比べて、前述の酪酸をつくり出す細菌が多いことも報告されているのです。

皆さんもますます、「共に暮らす仲間たち」のためにも高ＭＡＣ食を実践しようという気になってきたのではないでしょうか？

イモしか食べないのに筋肉隆々の秘密

南太平洋のパプアニューギニアの人たちは、身長や体重は日本人とほとんど同じくらいです。しかし、胸板が厚く、誰もが筋肉質な体つきをしています。これは、毎日の生活に力仕事が多く、それが自然と筋力トレーニングのようになっているからです。

そんな彼らが主に食べているのは、１日１・５kgもの大量のイモです。肉や魚などの動物性食品はほとんど口にしないばかりか、高地で暮らす人に至っては、毎日ほぼイモだけの食事を続けているといいます。第３章で、植物性タンパク源の話や、タンパク源の大半が「自分の体」であることを知った皆さんでも、これはさすがに信じがたいかもしれません。タンパク質どころか、ありとあらゆる栄養素が足りていないんじゃないだろうか――。

おそらくここでも、ポイントは「腸内フローラ」であると考えられます。なぜなら、パプアニューギニアの人たちの腸内フローラは、なんと「牛」のものに近いことが分かっているからです。

草食動物の牛は、胃や腸に住み着いている微生物をフル活用することによって、餌に含まれる以外の栄養素も得ています。これらの微生物がつくり出したビタミンやアミノ酸などもあわせて利用することで、牛の巨体が成り立っているというわけです。つまりパプアニューギニアの人たちの場合も、たとえイモしか食べていなくても、これらの栄養素を十分につくり出せるような腸内フローラを獲得したのだと推測されるのです。食性によって腸内フローラが大きく変化するのは、日本人が「世界最強の腸内フローラ」を持つに至った経緯をふまえれば、決して驚くようなことではありません。

人間に近い類人猿のゴリラも筋肉隆々で、そのパワーは人間では全く太刀打ちできないほどですが、基本的には「草食系」です。そして、ゴリラの腸内フローラは人間に比べて多様性が非常に高いことも知られています。それも結局は、やはり「高ＭＡＣ餌」の賜物であると考えられるわけです。

実際、スウェーデンやスイス、シンガポール、イギリスなどが共同で行ったマウスの研究では、腸内フローラが筋肉の量や機能に貢献していること、複数のアミノ酸の合成にかかわっていること、そしてそこでは短鎖脂肪酸が重要なポイントとなることなどが、それぞれ示されています。

このように、腸内フローラにはまだまだ果てしないポテンシャルが秘められているように思います。だからこそ、食事の半分は「共に暮らす仲間たち」のために食べるべきなのです。

昔の日本人女性が驚異のパワーを誇ったわけ

ところで皆さんは**図15**を見たことがあるでしょうか？　これは山形県のコメどころ、庄内地方の女性が米俵を担いでいる様子です。米俵ひとつが60kgありますから、この写真ではそれぞれの女性が5つずつ担いでいるので、各々の合計はなんと300kgにも及びます。要は、大人の男性5人分を一人でおんぶしているようなものです。まるで合成写真か何かのようですが、戦前までは実際に行われていたといいます。

かつての日本では、米俵ひとつを担いで運ぶことができれば、一人前の労働者であるとみなされた時代がありました。1俵は「大人なら男女関係なく一人で担げる重さ」ということで単位の基準になったともいわれています。ちなみに今の人では、体格のいい若い男性でも1俵担ぐのが精いっぱいとのことです。

ところが戦前までの日本では、1俵どころか5俵ものコメを担いで運ぶ光景が日常的にみられた上に、これは主に女性の仕事だったというのです。しかも、特に筋肉隆々というわけでもなく、見るからに普通の体形の女性です。それなのに、重量挙げの選手やパワーリフターも顔負けの驚異的な力を発揮していたことになります。

図15　一人で300kgの米俵を担ぐ女性

出典：山形県酒田市・山居倉庫資料館に展示

これは、単にパワーだけでなく、ボディバランスや体の使い方も秀でていたであろうことが推測されます。流行りの言葉を使えば「体幹が鍛えられていた」のでしょう。そして、特別なトレーニングを行った成果というわけではなく、重労働を伴う日常生活が、自然と筋肉や体幹のトレーニングになっていたものと考えられるわけです。

一方で、庄内地方でどんなものが食べられてきたかというと、コメ以外にはソバやトチの実、青菜の漬物、味噌、タケノコやアサツキ、枝豆などの山の幸に、ハタハタやタラ、海藻などの海の幸を使った、さまざまな郷土料理があります。生活習慣においても食習慣においても、今の日本人が失ってしまったものがここに凝縮しているかのようです。アスリートの皆さんにとっても、非常に示唆的で興味深い実例ではないでしょうか。

これが「超人をつくるアスリート飯」だ！

ここで、全身の細胞や共に暮らす仲間たちが喜ぶ、「超人をつくるアスリート飯」のポイントをお伝えしておきます。つまるところは「植物性主体の質の高い食事」であり、第1章から第4章でお伝えしてきたことのまとめがほとんどですが、復習も兼ねて、もう一度しっかり頭に入れておいてください。

ポイント❶：精製や加工の度合いが低い食べ物を選ぶ

…玄米や野菜、果物、種実類など、できるだけそのまま丸ごと食べるようにしましょう。未精製・未加工のものが最善です。加工されていたとしても、例えば豆腐や味噌といった大豆製品のように伝統的な食べ物を選び、過度に加工されたものは避けるようにしましょう。

ポイント❷：高マグネシウム食品を多くとる

…マグネシウムの重要性もすでにご紹介した通りです。「スーパーミネラル玄米ご飯」を柱に、豆類や青菜類、種実類、海藻類を積極的にとるようにしましょう。また、脂肪や砂糖の多い食事はマグネシウムの吸収を抑制してしまうため、意識して避けるようにしましょう。

ポイント❸：高ＭＡＣ食品を多くとる

…玄米、豆類、野菜や果物、種実類、海藻類、イモ類など、ポイント①や②に当てはまるものは全て高ＭＡＣ食品でもあります。不溶性食物繊維は大豆や小豆などの豆類、水溶性食物繊維は麦やラッキョウ、ヒジキ、ワカメなどが、それぞれ摂取源として優れています。

ポイント❹：油（脂肪酸）のとり方に注意する

…これについては後述しますが、要は「高オメガ3・低オメガ6・低飽和脂肪酸・トランス脂肪酸ゼロ」を常に心がけることです。オメガ3の豊富な亜麻仁油などを積極的にとることは非常に大切ですが、それだけでは十分ではありません。

ポイント❺：動物性タンパク源を減らし、植物性タンパク源を増やす

…豆類や種実類に加え、「麻の実」もフル活用しましょう。肉や乳製品などの動物性食品をとらないと不安な人は、コメ＋大豆の組み合わせや「ゲーム・チェンジャーズ」のことを常に思い出してください。動物性食品は嗜好品として認識するようにしてください。

ポイント❻：できるだけオーガニックのものを選ぶ

…農薬や化学肥料を使わず、遺伝子組み換え技術なども用いられていない、できる限り自然な方法で栽培された農作物を食べるようにしましょう。農薬などの化学物質は脂溶性のものが多いため、玄米以外にも、豆類や種実類、植物油なども特に要注意です。

ポイント❼：白い食品や人工甘味料をとらない

…ポイント①とも重複しますが、白米、精白小麦粉（できれば全粒粉も）、白砂糖など、精製や加工の度合いが高い食べ物を避けるようにしましょう。また、ありとあらゆる加工食品に利用されている人工果糖（異性化糖）や人工甘味料にも気をつけるようにしてください。

これらのポイントを押さえながら食事を準備するとなると、何か特別に手の込んだ料理をつくらなければならないと思い込んでしまう人も多いようですが、決してそんなことはありません。忙しい毎日を送っている人でも簡単に準備できるものがたくさんありますので、次ページなどを参考にしながら気軽にメニューを組み立ててみてください。

ステップの数字が小さいほど手間がかからず、限られた食材でも短時間で準備できます。心身の余裕があるときにステップの数字が大きいメニューにも取り組んでみましょう。

図 16　気軽に準備できるアスリート食

玄米ご飯と具だくさんの味噌汁を基本に

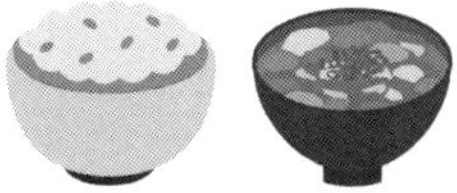

STEP ①　… そのまま食卓へ（器に盛るなど）

〈例〉焼き海苔、梅干し、漬物、納豆

STEP ②　… ほんの少し手を加える（食材を切る／おろす）

〈例〉冷奴、シラスおろし、山芋の短冊、モズク酢

STEP ③　… 少し手間をかける（切った食材を和える）

〈例〉サラダ、酢の物、浅漬け、塩もみ

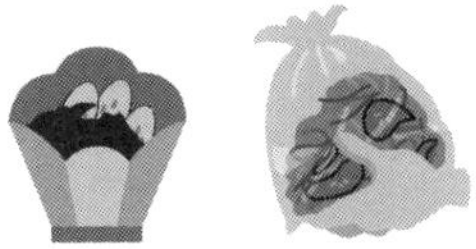

STEP ④　… 短時間の加熱調理（茹でる、蒸す）

〈例〉おひたし、胡麻和え、ナムル、せいろ蒸し

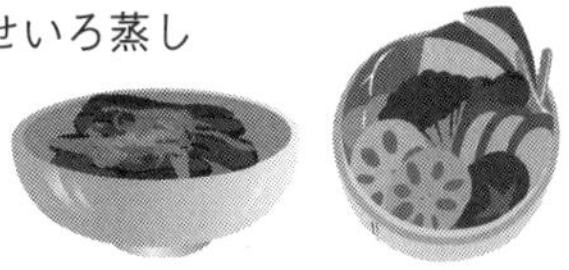

STEP ⑤　… 常備菜としてつくり置き

〈例〉煮豆、ヒジキ煮、筑前煮、きんぴら

二人のメジャーリーガーが示す「アスリート飯」の取り組み

アメリカ大リーグに挑戦した二人の日本人プロ野球選手も「アスリート飯」の実践者です。食への取り組み内容の中で皆さんのお手本になるポイントがありますので、ここで紹介しておきたいと思います。

まずは、惜しまれつつも2019年に現役を引退したイチローさんです。大リーグではシーズン最多安打記録（262安打）を持ち、日米の通算安打でも世界記録（4257安打）を誇るという、名実ともにレジェンドと呼ばれるにふさわしい、走攻守揃ったスーパースターでした。

そんなイチローさんは引退会見で、「僕は試合前に必ずおにぎりを食べるんですよ。妻は（これまでに握ったおにぎりの数は）2800個くらいだって言ってました。3000個いきたかったみたいなんですけど……。3000個握らせてあげたかったですね」とコメントしていたのが印象的でした。

イチローさんはかなりの偏食で知られていたものの、試合前のおにぎりは「アスリート飯」として非常に有効だったはずです。前述のポイント③、レジスタントスターチが豊富な高MAC食をとることで腸内フローラに好影響を及ぼし、彼のパフォーマンスを支えていたであろうことは想像に難くありません。

ちなみに試合前のおにぎりといえば、ラグビー日本代表の取り組みも忘れてはいけません。

日本で開催された2019年のW杯での大躍進もさることながら、世界に衝撃を与えたのが、スポーツ史上最大とも評される、2015年大会でのジャイアントキリング（南アフリカ戦の勝利）でした。このときも、開催地イギリスの食事ばかりでは選手の体がもたないということで、途中から日本食を増やしたり、おにぎりが提供されるようになったりしたのです。こちらも、試合後の回復や試合本番でのパフォーマンスに大いに役立っていたことでしょう。

もう一人の大リーガーは、「マー君」こと田中将大投手です。ニューヨーク・ヤンキースで活躍を続ける彼を私生活でサポートするのは、妻でタレントの里田まいさんです。里田さんといえば料理上手でも有名ですが、田中投手がプロ野球の楽天で活躍していた時代、毎日のメニューに亜麻仁油を活用している様子がNHKの番組でも取り上げられ、話題となりました。

しかも、調理を終えてお皿に盛り付けたパスタの上に亜麻仁油をかけ、「オメガ3強化パスタ」にするなど、加熱調理に向かない亜麻仁油の特徴をしっかり理解し、とり方にも工夫が見られました。

大リーグに挑戦する日本人選手はすっかり珍しくなくなりましたが、その多くが、アメリカでの食生活には今なお苦労し続けているようです。特に前述のポイント④、油のとり方は欧米型の食事における最大の問題だといっても過言ではありません。マー君の場合は渡米後も高オメガ3食を実践することで、何シーズンもの好成績につながっているのでしょう。

優れた食事は数日で持久力アップ！　でも継続が重要

植物性主体の質の高い食事をとると、アスリートの持久力が数日以内に向上するという「即効性」を示した、アメリカの研究結果があります。

この研究では、「地中海食」か「欧米食」のいずれかを被験者に4日間摂取してもらい、5km走のタイムを計測しました。地中海食は、果物や野菜、種実類、オリーブ油、全粒穀物が豊富で、赤身肉や加工肉、乳製品、トランス脂肪酸、飽和脂肪酸、精製糖が少ないという特徴があります。「アスリート飯」のポイントの多くを押さえている、植物性主体の食事として優れたもののひとつです。対照的に、欧米食は果物や野菜、未精製の植物油などが少なく、トランス脂肪酸や飽和脂肪酸、乳製品、精製糖、精製植物油、ナトリウム、加工食品が多くなっています。

その結果、被験者の心拍数や自覚的運動強度（運動時に感じる主観的な負担）は同等であったにもかかわらず、地中海食を摂取した人は欧米食に比べて、5km走のタイムが6％速まっていたのです。わずか4日で速く走れるようになるとは、何とも驚きです。

研究チームは、地中海食に含まれるさまざまな抗炎症物質や抗酸化物質、硝酸塩が、こうしたパフォーマンス向上につながりうると推測しています。

しかし同時に、このメリットは欧米食に戻るとすぐに消失してしまうため、質の高い食事を長期的に摂取することの重要性も強調しています。まさに「継続は力なり」といったところでしょうか。

なお、研究チームがパフォーマンス向上の一因として言及している硝酸塩といえば、第3章の「ポパイ」の話でも登場した物質です。ホウレンソウなどの青菜類に豊富に含まれていて、血管拡張作用や筋肉増強作用が確認されています。かつて、硝酸塩は体内で発がん物質を生成するのではないかと懸念されたこともありましたが、現在では、世界保健機関（ＷＨＯ）と国連食糧農業機関（ＦＡＯ）がこれを否定しています。硝酸塩は食品添加物などにも広く利用されており、これらは注意するに越したことはありませんが、少なくとも、野菜にもともと含まれる硝酸塩については心配する必要はないでしょう。

ただし、化学肥料には窒素が過剰に含まれており、化学肥料を多用する慣習農業の作物には窒素の余剰分が硝酸塩として大量に蓄積している恐れがあるため、リスクがないとは言い切れません。前述のポイント⑥に基づき、農薬や化学肥料に頼らない、できるだけ自然栽培のものを選ぶべきでしょう。特に、青菜類はマグネシウムのほか抗酸化物質も豊富ですから、オーガニックのものを積極的に食べるようにしてください。

回復を早め、余計な炎症を減らすためのアスリート飯

アメリカスポーツ医学会は、スポーツ医学や運動科学の分野で研究や教育を行う、世界80ヶ国に会員や支部を持つ大規模組織です。この組織も、アスリートにおけるベジタリアン食や

ビーガン食のメリットについて、次のように言及しています。
《筋肉の炎症や体内のアレルギー反応など、あらゆる炎症反応をコントロールすることが、免疫力の向上やケガの防止、慢性炎症の予防につながる。その結果、トレーニングをスケジュール通りにこなし、試合に向けてのコンディショニングを行うことができる。ビーガン食やベジタリアン食はこうした効果が期待できるため、アスリートにもよい》
さらには、こうした食事について次のようにも述べています。
《ベジタリアンやビーガン、フレキシタリアンの食事は、アスリートにとって健康的な選択である。パフォーマンスや回復、持久力、病気への抵抗力を最大にするには、豆類や緑の野菜、種実類、全粒穀物、色鮮やかな野菜の増量摂取が推奨される。これらは、ベジタリアンではないアスリートにも重要なポイントである》
第2章で「ゲーム・チェンジャーズ」が口々に語っていたのが、こうした食事に切り替えることで「回復が早くなった」「回復スピードが上がった」というコメントです。主に心身の疲労からの回復を意味しているものと思われますが、アスリートにとってはコンディショニングやパフォーマンスを大きく左右する要素であり、体感しやすい要素でもあるのでしょう。
また、「炎症」という言葉が何度も登場するように、アスリートにとって、炎症をコントロールすることがいかに重要であるかが伝わってきます。そもそも炎症とは、ケガや打撲、病原体の侵入など、私たちの体が何らかのダメージを受けた際に、その異常事態を全身で認識して体を守るために絶対不可欠な反応です。炎症反応を通じて、ダメージを受けた箇所を修復したり病原体を撃退したりするなど、しかるべき対応を行っています。炎症が起こらないと、こうした異常事態にいつまでたっても気づかず、命にかかわる恐れもあります。

とはいえ、こうした炎症反応が強すぎたり、異常事態が解決しているのに小規模な炎症反応が延々と続いたりすることがあります。特に後者は「慢性炎症」と呼ばれていて、がんや心臓病、糖尿病、アレルギー、さらにはうつなどの精神疾患に至るまで、さまざまな病気と密接に関連しているほか、アスリートの皆さんにもダイレクトに悪影響を及ぼします。

というのも、実は「慢性炎症が筋肉を減らしてしまう」からです。スウェーデンとイギリスの研究チームは、慢性炎症の指標となる物質の血中濃度が高い人ほど筋細胞が小さいことや、この物質が筋細胞でのタンパク質合成に悪影響を及ぼすことを発見しています。「いくらトレーニングしてもなかなか筋肉がつかない」などという人は、ひょっとすると慢性炎症が影響しているかもしれません。

ところが、慢性炎症は急性炎症と違って自覚しにくいため、無意識のうちに心身にダメージを受けている可能性もあるのです。

血液検査の炎症マーカー「CRP」を知っておこう

筋肉への悪影響に関する研究で、慢性炎症の指標として用いられたのは「C反応性タンパ

図17　C反応性タンパク（CRP）の数値と炎症度合いの目安（単位：mg/dL）

0.3以下	一般的な基準の範囲
0.4〜0.9	**軽度の炎症**などが検討される範囲 （アトピー性皮膚炎や軽い風邪）
1.0〜2.0	**中程度の炎症**などが検討される範囲 （高熱、ウイルス感染、ひどい火傷）
2.0〜15.0	**中程度以上の炎症**などが検討される範囲 （糖尿病、細菌感染、重度のケガ）
15.0〜20.0	**重度の疾患**の可能性が検討される範囲 （関節リウマチ、肺炎、悪性リンパ腫）

ク」（ＣＲＰ）という物質です。ＣＲＰは、体内で炎症反応や組織の破壊が発生しているときに肝臓でつくられて血液中に現れ、ダメージを受けた細胞や病原体に結合し、処理対象の目印となります。炎症反応が強くなるほどＣＲＰの産生量が増加し、血中濃度も高まることから、炎症反応の指標として利用されているわけです。

図17は、ＣＲＰの数値と炎症度合いの目安をまとめたものです。ＣＲＰは一般的な検査項目であり、血液検査を受けさえすればその数値が誰でも確認できるため、炎症の有無や度合いを自覚するのに役立ちます。お手元に検査結果がある方は、ぜひ照らし合わせてみてください。ケガや故障がなく、体調不良などにも見舞われていない場合は、だいたい「０・３（mg／dL）以下」、あるいはもっと低い数値になっているかと思います。

しかし、油断は禁物です。

例えば、血液検査を受けるたびにCRPの数値がいつも少し高めだけれども、医師からは「特に気にする必要はない」などと言われる程度で、自分自身で思い当たる節もない――。このようなケースは、まさに万病のもととされる「低度の慢性炎症」に陥っている可能性が大いにあるのです。

なお、近年ではCRPの精度が高まっており、一般的な血液検査でも自分の体の炎症度合いがより詳細に分かるようになっています。具体的には、心臓病（冠動脈心疾患）のリスクに関しては、0・12〜0・19で「要観察」、0・2〜0・38で「高リスク」、0・39以上で「非常に高リスク」となるようですから、「0・3以下」でも全く油断ならないことがよく分かるかと思います。

いずれにせよ、炎症度合いを目で見て確かめることのできる方法があることを知っておいてください。

炎症をコントロールする食べ方のポイント

質の高い植物性主体の食事には、私たちに有益な働きのあるさまざまな種類の植物由来成分（ファイトケミカル）も豊富に含まれています。ファイトケミカルはミネラルやビタミンのような必須栄養素（必ず食べ物から摂取しなければならない栄養素）ではないものの、これらが相乗的に慢性炎症を抑制したり、過剰な炎症反応を防いだりしてくれます。

実際、イランとカナダが過去の複数の研究を再検証したところ、ベジタリアン食がＣＲＰの血中濃度を低下させることを示しています。研究チームはこれについて、このような食事には抗酸化物質が豊富であることや、炎症を誘発する物質や脂質が含まれていないことによるものだろうと推測しています。ただし、この効果を得るためには、少なくとも2年間はこの食事を続ける必要があるとしています。やはり「継続は力なり」というわけです。

食べ方のポイントということでは「調理法」についても言及しておかなければなりません。炎症をコントロールするためには「サビ対策」（抗酸化）と共に「コゲ対策」（抗糖化）が重要であり、特に後者には「どう調理するか」が大きく関係しているからです。

体内では、血液中の過剰なブドウ糖と「人間用タンパク質」が化学反応（糖化）を起こすことで終末糖化産物（ＡＧＥ）が発生し、連鎖反応的に糖化ダメージをもたらすことが知られていますが、揚げ物や直火焼きなどの高温調理を通じて、食べ物の中にもＡＧＥが生じます。ステーキやハンバーグ、フライドチキン、フライドポテト、ピザ、パンなど、いわゆる焼き色や揚げ色のついた食べ物は全て高ＡＧＥ食品であり、いずれも欧米型の食事の定番でもあります。そして、これらの高ＡＧＥ食品を摂取すると、体内で発生するＡＧＥと同じように、私たちは種々の糖化ダメージをこうむってしまうのです。

焼く、炒める、揚げるといった調理法は２００℃以上の高温に達することもあり、これがＡＧＥの発生要因となっています。その一方で、茹でる、煮る、蒸すといった調理法は、常に水

図 18　食品由来のアクリルアミドの摂取源

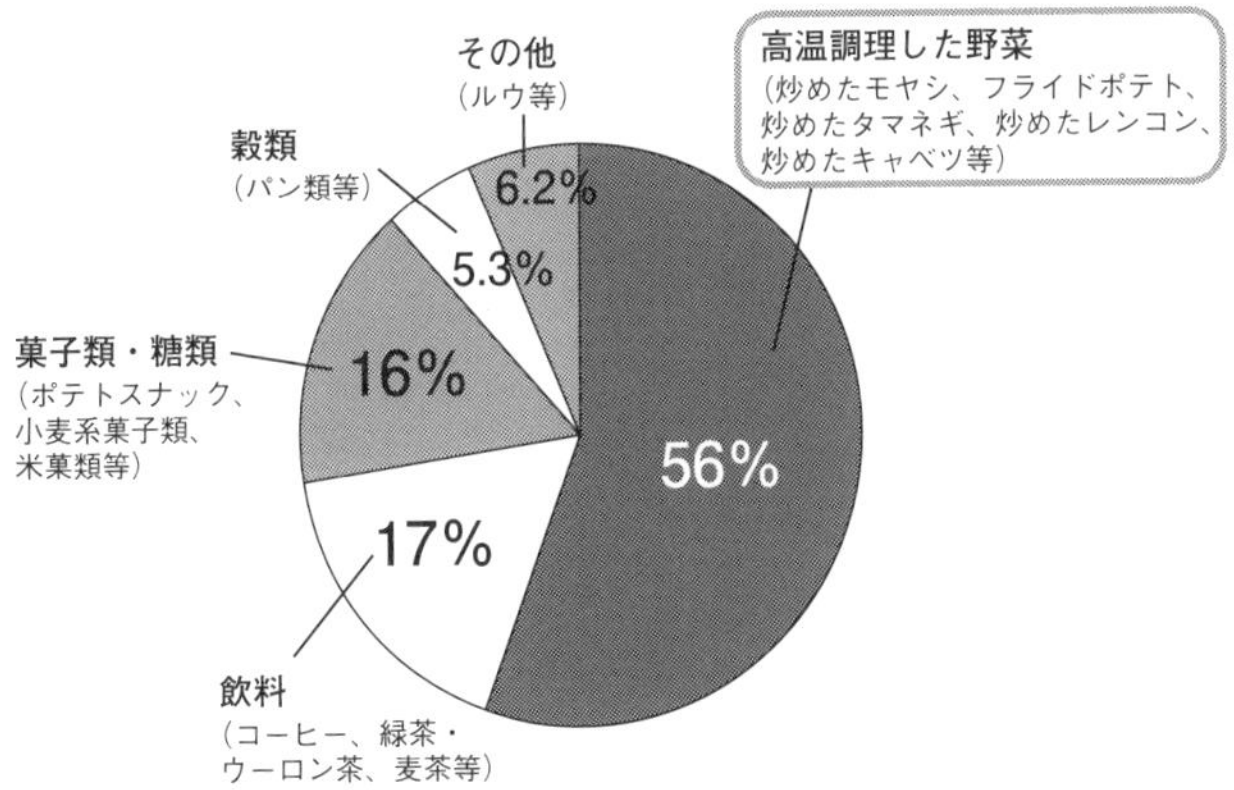

出典：食品安全委員会資料

分を伴うため、高温になっても100℃程度であり、AGEが発生しにくいことが知られているのです。

また、「野菜がたくさんとれるから」といって、野菜炒めばかり食べるのも禁物です。実際、日本の調査でも、食品由来のアクリルアミド（糖化産物の一種で発がん性や遺伝毒性などが強く疑われている）の摂取源において、その半分以上を占めるのが「高温調理した野菜」であることが分かっています（**図18**）。普段の食事でどうしても炒め物が多くなっている人は、意識して減らしてみましょう。

なお、AGEの害を防ぐうえでも、植物性主体の食事に豊富なファイトケミカルが活躍してくれます。調理法にも気をつけながら「アスリート飯」を実践してください。

果汁100%のジュースでも炎症を促進する!

さらに、アスリートの皆さんに警告しておきたいのが、果汁100%のジュースもあまり飲まないほうがよいことです。

というのも、甘い飲み物とがん発症の関連性を調査したフランスの研究で、加糖飲料の摂取量が1日100㎖増えるごとに、がんの発症リスクが18%高まること、果汁100%のジュースであっても、100㎖摂取するごとにがんのリスクが12%増加することがそれぞれ示されているからです。研究チームはこれらの一因として、血糖値の急上昇に伴ってCRPが高まり、全身性の炎症反応が引き起こされることを指摘しています。血糖値が急激に高まると血管壁が糖化ダメージを受けやすくなり、これを受けてCRPの産生量も増加するわけです。

一方で、「果汁100%のジュースでビタミンCを補給しましょう」などと、アスリートに推奨している管理栄養士がなんと多いことか! アスリート向けのメニューに毎食のようにジュース(特にオレンジジュース)を出しているケースも決して珍しくありません。皆さんの中にも「果汁100%なら健康的」と愛飲している人がいるかもしれませんが、コンディショニングを最優先で考えるなら控えるべきでしょう。それに、ビタミンCは他の食材(野菜)からも十分に摂取できます。「ビタミンCをとるなら酸味のある果物(柑橘類)」というのも、単なる思い込みにすぎません。

先ほどの「アスリート飯」のポイント①「精製や加工の度合いが低い食べ物を選ぶ」を、ここでもう一度思い出してください。果汁100％のジュースでも立派な加工食品です。搾りたてであろうが、濃縮還元のものであろうが、そこに精製・加工を伴っていることには何ら違いはありません。このプロセスで、もともとの果物に含まれているはずの食物繊維などさまざまな栄養素が取り除かれてしまっています。スムージーも「流動食」にすぎません。

つまりここでも、旬の果物丸ごとを食べるほうがよいということです。日本には春夏秋冬それぞれに旬を迎える果物があります。それに、果物から得られるのはビタミンCだけではありません。多種多様なファイトケミカルの恩恵を受けることができます。これらは炎症のコントロールにも幅広く役立ちます。

とはいえ、品種改良や化学肥料などを通じて、糖度が異常に高くなっている果物も少なくありません。こういった果物や熱帯産の果物（同じく糖度が異常に高いものが多い）をたくさん食べるのはやめましょう。

良質な亜麻仁油で慢性炎症を防ごう！

さて、炎症の話ということでは「油のとり方」にふれておかないわけにはいきません。

食べ物から必ず得なければならない脂肪酸のオメガ3とオメガ6は、全身の細胞の膜（生体膜）の構成成分として不可欠な存在です。細胞の外側を囲む膜（細胞膜）は、単に仕切りとしての役目を果たしているだけではありません。栄養素を取り入れて老廃物を排出したり、細胞内でつくり出した物質を細胞外に分泌したり、細胞外の物質や情報をキャッチしたりするなど、その役割は多岐にわたります。

また、細胞膜だけでなく、ミトコンドリアなどの細胞内小器官も生体膜で包まれていて、やはり同じような役割を担っています。そして、こうした役割が正しく行えるかどうかは、膜を構成するオメガ3とオメガ6が適正な比率で存在するかどうか（オメガ3が豊富に含まれるかどうか）が、最も重要な意味を持っているのです。オメガ3が十分にあると生体膜の柔軟性が高まり、これらの役割がスムーズに行われますが、オメガ3が不足すると膜が硬くなり、全ての役割に支障をきたしてしまいます。

さらには、これらの脂肪酸が炎症反応のコントロールにも極めて重要な役割を果たしています。生体膜のオメガ6からは主に炎症を促進する物質、オメガ3からは主に炎症を鎮静する物質がそれぞれ生成され、両者の相反する働きによって炎症反応をコントロールし、体内の環境を一定に保っています。

ところが、近年の食事ではオメガ6過多－オメガ3過少に拍車がかかっていて、体内（生体膜内）の両者のバランスも大きく乱れている恐れがあります。オメガ6は、サラダ油やゴマ油、飲食店の調理油など、摂取源があふれかえっているのに比べて、オメガ3は意識して摂取しないと簡単に不足してしまうからです。その結果、体内では炎症反応が過剰になったり、慢性炎症が起こりやすくなったりしている一方で、異常事態が解決しても炎症反応が適切に鎮静されにくいという状況になっており、心身のさまざまな健康問題をもたらしてしまっています。
そこで、まず実践したい油のとり方は「高オメガ3」を心がけることです。具体的には、良質な亜麻仁油を食事にフル活用することです。近年では健康によい油としてすっかり有名になった亜麻仁油ですが、アスリートのコンディショニングやパフォーマンスにも大いに役立ちます。

第2章でもお伝えしたように、欧州サッカー界では炎症を抑えてケガを予防する目的で、オメガ3の豊富な亜麻仁油などを取り入れることがもはや「常識」になっていて、欧州のチームで活躍する日本人選手も、最近ではオメガ3という言葉をよく見聞きするようになったと言っています。こうした流れから、サッカー日本代表の食事でも亜麻仁油が取り入れられたり、オメガ3のサプリメントの摂取が奨励されたりするようになっています。今では、プロ野球やプロゴルフ、陸上など、日本のスポーツ界全体で亜麻仁油の認知度が高まっているようです。

なお、私がサポートしているアスリートたちには、スポーツ界でこうした「オメガ3ブーム」が起こる何十年も前から、食事の基本として良質な亜麻仁油などを摂取し、高オメガ3の食事を心がけるようアドバイスし続けてきました。そして食事の改善に取り組んだ彼らは、目に見えてケガが少なくなったり、パフォーマンスが向上したりしているのです。

「運動×食物アレルギー」の脅威も亜麻仁油で撃退

実際、亜麻仁油独自の健康効果も確かめられています。それは、亜麻仁油を与えたマウスは大豆油を与えたマウスに比べて、食物アレルギーの発症や進行が大幅に抑えられていたという日本の研究結果です（**図19**）。そこでは、亜麻仁油に豊富に含まれるオメガ3（α-リノレン酸）が、マウスの腸の細胞でアレルギーを防ぐ物質へと効率的に変換されていたものと推測されています。これに対し、大豆油にはオメガ6（リノール酸）が多いため、亜麻仁油のような効果が得られなかったと考えられるわけです。

アスリートにとって食物アレルギーは油断大敵です。なぜなら、「運動×食物アレルギー」によって、思いもよらぬ症状に見舞われる恐れがあるからです。

これは「食物依存性運動誘発アナフィラキシー」と呼ばれるものです。アナフィラキシーは急性のアレルギー症状が全身に現れるもので、ハチに刺された場合などに起こることが多く、ショック症状での死亡事故などがニュースなどで報じられたりしています。同様に「食物アレルギー」と「運動」が組み合わさることでも発生することがあり、アレルゲンを含むものを食べてしばらくは何ともないのに、食事をしてから2～3時間後に運動を行うと誘発されるのが特徴です。蕁麻疹や浮腫、呼吸困難などの症状が現れ、最悪の場合は命の危険も伴います。

男性は女性よりも発症例が多く、10代によくみられるほか、40代以上の症例も少なくないようです。小麦や果物、甲殻類などがこのアナフィラキシーの原因となる代表的な食品として知

図19　亜麻仁油を与えたマウスでは食物アレルギーの症状が大幅に抑制された

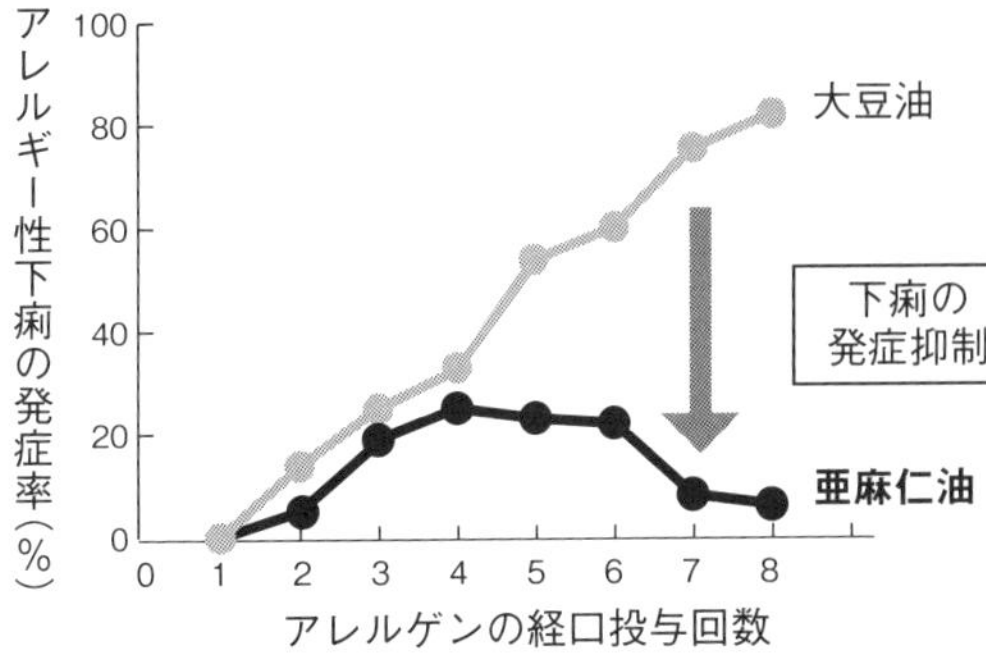

出典：Dietary ω3 fatty acid exerts anti-allergic effect through the conversion to 17,18-epoxyeicosatetraenoic acid in the gut

られていて、小麦の場合、その主犯格が「グルテン」であることも分かっています（グルテンの問題や対処法については第8章で詳しく解説します）。また、大人の食物アレルギー患者は自己診断のまま放置されているケースも目立つらしく、実際には「隠れ食物アレルギー」の人もかなり多いのではないかといわれているだけに、アスリートの誰もが、このアナフィラキシーのリスクを抱えているといっても過言ではありません。

　ちなみに、普段と同じものを食べていても、ある薬を飲むと「運動×食物アレルギー」の脅威にさらされてしまうことがあります。それは、非ステロイド系抗炎症薬、いわゆる「NSAID」という種類の薬です。

　アスリートの場合、ケガや故障で病院に行くと当然のように処方される薬の代表格がNSAIDだと思いますが、この薬は、細胞で行われているオメガ3とオメガ6による炎症のコントロームのメカニズムに入り込んで、炎症を無理やり抑え込む作用があります。結果的に、オメガ3とオメガ6の働きを阻害してしまうわけですが、さらにこのせいでアナフィラキシーまで誘発してしまうとは、皮肉としか言いようがありません。

そうでなくても、NSAIDに伴う健康問題は数多く報告されています。アスリートに直結する話では、ドラッグストアなどでも入手できるNSAID（イブプロフェン）を高用量で服用すると、ウエイトトレーニングによる筋肉量の増大が阻害されるという、スウェーデンの研究結果があります。また、アメリカの研究では、NSAIDの利用者は非利用者に比べて、血栓のリスクが1・8倍になることも示されています。いわゆる「エコノミークラス症候群」（肺塞栓症）などを起こしやすいことを意味するものです。

そしてさらに「運動×食物アレルギー」の脅威にもかかわっていると思うと、本当に侮れません。いずれにせよ、このようなリスクを回避する上でも、良質な亜麻仁油を有効活用しましょう。亜麻仁油は天然の抗炎症薬であり、抗アレルギー薬でもあるのです。

ちなみに「良質な亜麻仁油」の条件は、▽農薬の心配がない、▽コールドプレス（低温圧搾）／化学溶剤不使用、▽遮光容器／できるだけ小さな容器……の3点です。これらの条件を全て満たすものを選ぶようにしてください。原料が無農薬でコールドプレスのものでも、遮光容器に入っていない（中身が見えてしまう）製品も少なくありません。これでは太陽の光（紫外線）のせいで、未開封でも品質が劣化してしまう恐れがあります。十分にチェックするようにしましょう。

魚を食べるべきか否か――オメガ3の摂取源を考える

オメガ3の摂取源といえば、亜麻仁油と同じくらい、あるいは亜麻仁油以上に有名なのが「魚」でしょう。特に、背の青い魚にはＥＰＡやＤＨＡが豊富に含まれており、これらのオメガ3もα-リノレン酸に負けず劣らず、やはりアスリートのコンディショニングやパフォーマンスをさまざまな方向からサポートしてくれます。

２０１８年のＷ杯ロシア大会で躍進したサッカー日本代表は、試合当日の食事に、選手側からの要望で「焼き魚定食」が提供されたといいますし、近年ではＪリーグのチームでも魚が浸透しているようです。また、これまでは圧倒的に「肉派」が多かったというラグビー選手の間でも、魚のほうがよく食べられるようになってきているそうです。

総じて、「肉より魚」という選択自体は評価すべきだと思います。魚も立派な「動物性食品」ではあるものの、そのメリットとデメリットを比較した場合、肉や乳製品とは比べ物にならないほどのメリットがあるからです。けれども、そこでは「どんな魚をどのように食べるか」が重要になってきます。

まずは、魚を食べるのであれば、天然で小型の青魚を選ぶようにしましょう。大きくてもサバ程度、できればアジやイワシなどがよいでしょう。その理由は「海洋汚染の影響を最小限にするため」です。

海洋汚染の原因物質の代表格が水銀です。海水に溶け込んだ水銀は、プランクトンの体内に取り込まれ、プランクトン→小さい魚→中くらいの魚→大きい魚……というように、食物連鎖によってどんどん濃縮されていき、その上位にいるマグロなどの大型魚の体内に高濃度に蓄積します。そして最終的には、その魚を私たち人間が食べることで、少量の切り身であっても相当な量の水銀をとりこんでしまうことになるのです。

また、注意すべきは水銀だけではありません。日本近海はダイオキシンなどの汚染も深刻で、小型の魚であってもこうした有害物質が高濃度に含まれる恐れがあります。行動範囲の限られた養殖魚は近海の海洋汚染の影響をダイレクトに受けますし、そうでなくても病気の蔓延などを防ぐために薬が投与されたり、不自然な飼料が与えられたりしています。

さらに近年では、そこに「放射性物質」という新たな問題も加わりました。特に恐ろしいのは「トリチウム」です。細胞のDNAの構造に入り込んで必ずダメージをもたらすのが、他の放射性物質とは異なる点であり、その危険性は1970年代から警告されています。ところがトリチウムの測定（検知）が困難であることから、実際にはトリチウムが含まれている恐れがあるにもかかわらず「安全」であると誤って判断され、汚染水が平気で海に流されたりしてしまっているのです。残念ながら、日本ではどの地域であっても、どんな種類であっても、もはや海の幸を存分に楽しめなくなっていると考えるべきでしょう。

そして「どのように食べるか」は調理法の問題です。食べるとすれば、生（刺身）か煮魚、焼き魚がよいでしょう。フライや天ぷらは避けましょう。干物もあまりおすすめしません。せっかくのオメガ3が高温調理や乾燥のプロセスを通じて過酸化脂質となり、それを体内に取り込むと酸化ダメージをこうむる恐れがあります。また、前述のＡＧＥの影響もふまえると、酸化と糖化のダブルパンチで慢性炎症のリスクを高めてしまいかねません。つまり、炎症をコントロールしようと思ってオメガ3の豊富な魚を食べていても、食べ方が適切でないとむしろ逆効果にさえなりかねないというわけです。

結論としては、魚を絶対に食べてはいけないとまでは言いませんが、積極的にはおすすめする気にはなれないという感じです。それは、たとえ天然で小型の青魚であっても、刺身や煮魚、焼き魚であっても同じです。そのくらい、今の海洋汚染は深刻なのだと思っておいてください。

アスリートなら知っておきたい「油のとり方」

さて、アスリートが炎症をコントロールし、全身の細胞を元気にするためには、単に「オメガ3をとる」だけでは全く十分ではありません。油のとり方として常に基本となるのが、「アスリート飯」のポイント④でもお伝えした「高オメガ3・低オメガ6・低飽和脂肪酸・トランス脂肪酸ゼロ」です。むしろ、この全てを同時に実践しないと意味がありません。ここでは、

「アスリート飯」の質をできる限り高めるために、残りの「低オメガ6・低飽和脂肪酸・トランス脂肪酸ゼロ」について、具体的な方法を紹介しておくことにしましょう。

▼高リノール酸の油を徹底的に避ける

…前述したように、現代人の食事はオメガ6過多–オメガ3過少の傾向が強く、体内（生体膜内）の両者のバランスも大きく乱れている恐れがあります。その要因となっているのが、オメガ6の中でもリノール酸を多く含む植物油です。ゴマ油やコーン油、大豆油、綿実油、サラダ油など、市販されている油の大半が高リノール酸油に該当します。オメガ3の恩恵を最大限に受けたいのであれば、これらの油をできる限り遠ざけるようにしましょう。

▼加熱調理には高オレイン酸の油を使う

…オレイン酸はオメガ9という種類の脂肪酸で、オメガ3やオメガ6とは違って体内でつくり出せるため、食べ物から必ずとらなければならないものではありません。また、オメガ6に比べてとりすぎの心配も少なく、脂肪酸の中では中立的な存在です。しかも高温でも変性しにくいため、オレイン酸の豊富な油は加熱調理に適しています。オリーブ油や菜種油が高オレイン酸油の代表格ですが、亜麻仁油と同様、▽農薬の心配がない、▽コールドプレス／化学溶剤不使用、▽遮光容器／できるだけ小さな容器……の条件を全て満たす良質のものを選ぶようにしましょう。また、高オレイン酸油であっても少量にとどめましょう。

▼ココナッツ油やMCTオイル、パーム油をとらない

…飽和脂肪酸というと、肉の脂身やラード（豚脂）、ヘット（牛脂）、バターなどの動物性油脂食品に含まれるイメージが強いため、植物性主体の食事をとっている限りは「低飽和脂肪酸」が自然と実践できているようにも思えますが、注意すべきはココナッツ油や、ココナッツ油から抽出されたMCTオイル、パーム油です。これらは植物性食品ではありながら、動物性油脂と同等かそれ以上の飽和脂肪酸が含まれています。特にパーム油は加工食品に多用されており、要注意です。飽和脂肪酸も炎症を増大させるため、これらの油も摂取しないようにしましょう。また、「素早くエネルギーに変わる」などの宣伝文句で、アスリートの間で密かな人気のMCTオイルですが、これも不自然な油です。大量に摂取するとむしろミトコンドリアに悪影響を及ぼすという報告などもあるため、第4章でもお伝えしたように、脂質の摂取量をむやみに増やすのはやめましょう。

▼トランス脂肪酸の高リスク食品をとらない

…オメガ3やオメガ6の働きをことごとく阻害し、細胞をあらゆる方向からむしばむため、世界中が規制に取り組む〝人を殺す油〟のトランス脂肪酸の問題については『トランス脂肪酸

から子どもを守る』（共栄書房）という本にまとめましたので、大人の方にも、アスリートの皆さんにも、ぜひ読んでいただければと思います。世界保健機関（ＷＨＯ）が２０２３年までに世界全体での根絶を呼びかけているという事実だけでも、トランス脂肪酸の有害性を如実に物語っています。トランス脂肪酸の摂取源となるのはマーガリンやショートニングだけではなく、コンビニスイーツやパン、焼き菓子、スナック菓子などの原材料表示にみられる「ファットスプレッド」「加工油脂」「植物油脂」もしかりです。包装されたものを食べるときは、これらをできる限り避けるようにしてください。これらを避けていると「買えるものがない」という現実に直面するはずです。そして、包装されずに売られているものに至っては、「判断材料すらない」ことにも気づくはずです。悲しいかな、それが日本の現状なのです。

イヌイットの「油事情」を今後の教訓にしよう

北極圏のグリーンランドに住む先住民のイヌイットは、心臓のトラブルが非常に少ないのに比べて、グリーンランドから北欧デンマークに移住したイヌイットでは、デンマーク人と同レベルにまで心臓のトラブルが増加していました。そこで血液検査を行ったところ、グリーンランド在住のイヌイットでは、アラキドン酸（ＡＡ：オメガ６の一種）に対するＥＰＡ（オメガ３の一種）の割合がほぼ同等（０・94）であったのに対し、デンマークに移住したイヌイットでは０・02となっており、ＥＰＡの割合が極端に少ないことが分かりました。このせいで、移

図20　オメガ3とオメガ6の比率と虚血性心疾患の死亡率

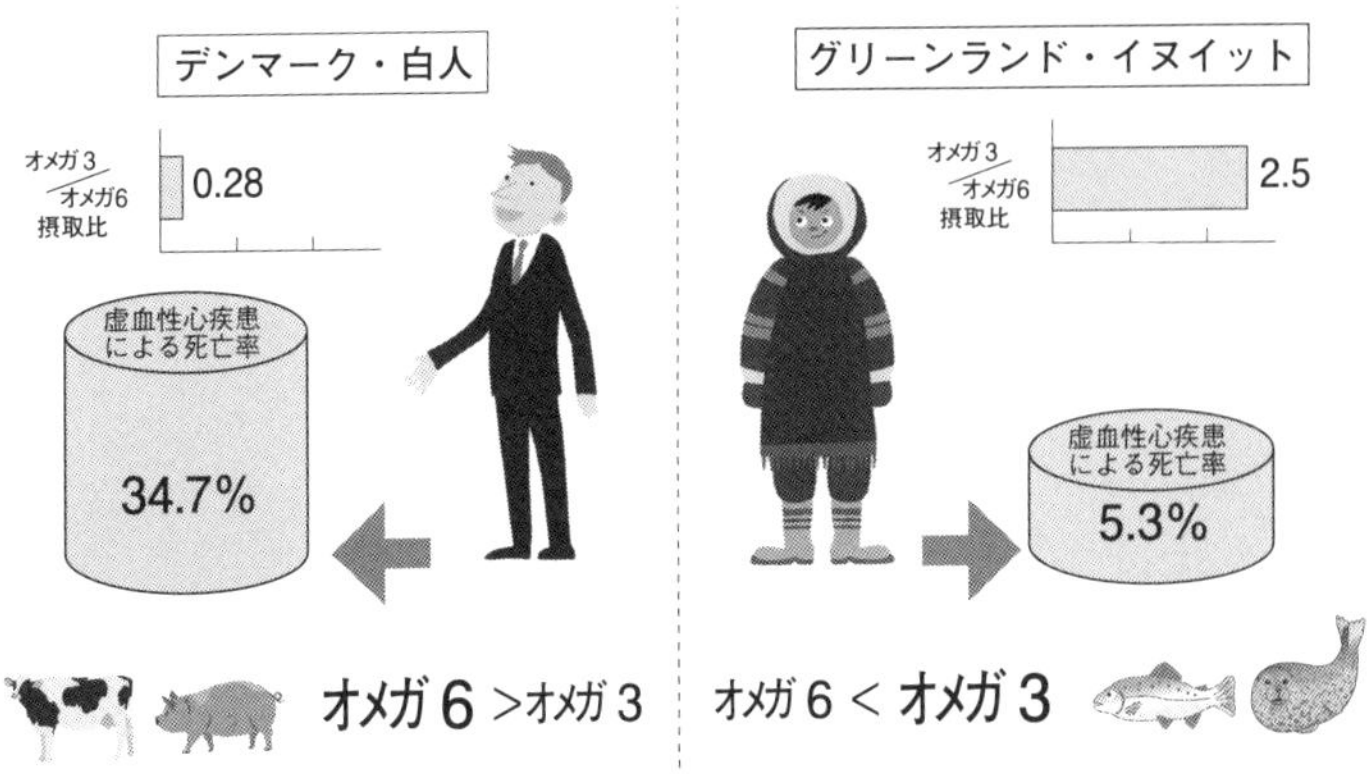

出典：Eicosapentaenoic acid and prevention of thrombosis and atherosclerosis? / A hypothesis on the development of acute myocardial infarction in Greenlanders/ The composition of the Eskimo food in north western Greenland

住組のイヌイットに心臓のトラブルが激増していたのです。

オメガ3全体とオメガ6全体の摂取比率で比較しても、やはり同様の傾向が見られました（**図20**）。図を見ると、デンマーク在住の白人では、オメガ6に対するオメガ3の摂取比率が0・28であったのに対し、グリーンランドのイヌイットでは2・5と、圧倒的にオメガ3の摂取量が多く、これに伴って心臓病（虚血性心疾患）での死亡率にも実に6倍以上の差ができていたことが分かります。

また、この違いが食事の変化によって生じていたことも示されています。グリーンランドではアザラシの肉などを食べているのに対し、デンマークでは白人もイヌイットも、典型的な欧米型の食事をとっていたのです。

冷たい海に住むアザラシは、冷たい海に住

む魚を餌にしています。こうした魚にはＥＰＡやＤＨＡなどのオメガ3が豊富で、それを食べるアザラシの体にもオメガ3が豊富になります。そしてそのアザラシの肉を常食するイヌイットも、高オメガ3・低オメガ6の理想的な油のとり方になっていたというわけです。

ところが、デンマークに移住した途端に食生活が一変し、オメガ6過多とオメガ3過少が急速に進んだものと考えられます。おそらく飽和脂肪酸やトランス脂肪酸の摂取量も大幅に増加したはずです。これでは心臓のトラブルが激増するのも無理はありません。

オメガ3とオメガ6はどちらも私たちの体内ではつくり出すことができないため、必ず食べ物からとらなければなりません。しかし現代の食生活では、高オメガ6食品はあふれかえっているのにオメガ3の摂取源は限られているという状況にあり、食事に注意を払わずにいると簡単に両者のバランスが崩れ、デンマーク移住組のイヌイットと同じ轍を踏んでしまうことになります。

ＥＰＡとＡＡの割合は、血液検査を通じて誰でも調べることができます。例えば心臓のトラブル（循環器疾患）は、この数値が0・3より小さくなると発症リスクが高まるほか、0・25未満になると心臓のトラブルによる死亡率が3倍以上になることも知られています。また、この数値が下がれば下がるほど糖尿病やがんのリスクも高まります。

ただし、第5章でも登場したＣＲＰなどの炎症度合いは一般的な血液検査でも確認できますが、ＥＰＡとＡＡの割合など「油のとり方」が適切かどうかということまでは、なかなか調べることができません。皆さんのお手元にある血液検査の結果にも、こうした項目はおそらく見つからないはずです。

しかし、自分でごく少量の血液をとるだけで、それが簡単に確認できるという「自己採血式脂肪酸検査」という優れものがあります。病院に行く必要がなく、自宅などで気軽に行えるので、皆さんの食生活を見直すよいきっかけにもなります。13種類もの脂肪酸の数値が確認できるほか、オメガ3とオメガ6のバランスが適正かどうかや、トランス脂肪酸をどのくらい取り込んでしまっているかなども分かります。

この検査の詳細は、私が所長を務める杏林予防医学研究所のホームページ（kyorin-yobou.net）をご覧になってください。ぜひ、皆さんの体内の「油事情」を把握し、日々のコンディショニングに役立てていただければ幸いです。

油で変わる、子どもの未来――JALNIの活動について

この章の最後に、私が会長を務める「日本幼児脂質栄養学協会」（ＪＡＬＮＩ《ジャルニ》）の活動について、皆さんに紹介しておきたいと思います。

ＪＡＬＮＩは、私が提唱する「細胞環境デザイン学」のメソッドの中でも最も重要な柱となっている「脂質」に注目し、特に胎児や乳幼児の「油のとり方」を改善して、日本中の子どもたちの心と体を守っていくことを目的とした組織です。

人の生涯を通じた健康のよしあしは、胎児期や乳幼児期に決まってしまうといっても過言ではありません。自動車や家電製品、水槽などに利用されているサーモスタット（温度調整装置）が、最初に設定された温度を一定に保つのと同じように、胎児期や乳幼児期に設定された健康状態（プライマル・ヘルス）がベースとなり、その設定度合いによって、その人が持つ適応能力の振り幅が決定づけられるのです。

つまり、プライマル・ヘルスが低く設定されれば、適応能力の範囲もずっと低いままになってしまう一方で、高く設定されれば常に高いレベルで適応能力を発揮し、大人へと成長した後もそれが続いていくというわけです。だからこそ、この時期の食環境や生活環境は、何物にも代えがたいほど極めて重要です。

なかでも、どんな種類の脂質を摂取するかが人生を決定づけます。オメガ3の豊富な亜麻仁油などを幼少期から、さらには胎児期や乳児期からしっかりとっていれば、賢く元気に育っていきます。対照的に、トランス脂肪酸などの「悪い油」だらけの食事を続けていると、全く正反対の人生をもたらしてしまいます。もはや取り返しがつきません。

胎児期や乳児期の母親の食事、そして保育園や幼稚園で提供される食事は、まさにこの最も大切な時期に深く関与するのです。それにもかかわらず、特に教育界ではこれらの重要性が全く理解されておらず、日本社会の教育問題の盲点になっています。パンや牛乳、マーガリンに代表される学校給食のお粗末さは、それを象徴するものです。その結果として、胎児や乳幼児の命が犠牲となったり、生まれながらにして多くの健康問題に見舞われたりするという、最悪の悲劇が起きてしまっているのです。子どもたちが病む社会に未来はありません。

アスリートの皆さんやアスリートを支える皆さんの中にも、今まさに子育て奮闘中だったり、子どもを持ちたいと考えていたりする人がいることでしょう。スポーツコンディショニングとは直接関係はありませんが、皆さんの人生には大きくかかわっている重要なテーマです。また、未来ある小さな子どもたちが一流アスリートとして大きく羽ばたくうえでも、非常に大きな意義があると考えます。

ＪＡＬＮＩでは、こうした趣旨に賛同してくださる方々と共に、全国各地でさまざまな活動を推進しています。活動の様子については、ＪＡＬＮＩのホームページ（jalni.localinfo.jp）で確認してみてください。

第6章

競技人生を長くするミネラルファスティング

日本のスポーツ界に「断食」が広まったきっかけ

近年の日本のスポーツ界では、アスリートのコンディショニングの手段として「断食」が定着しつつあります。有名なプロ野球選手が「断食トレーニング」を行ったなど、テレビや新聞などで取り上げられる機会もずいぶん増えてきた印象です。これは、私がさまざまなアスリートにアドバイスを行い、コンディショニングのプログラムの中で必ず断食を実践するよう伝えてきた結果だと自負しています。

私が最初に断食をすすめたアスリートが、今はプロ野球解説者としておなじみの落合博満さんです。

ロッテ時代の落合さんは、1シーズンで首位打者・最多本塁打・最多打点の打撃部門のタイトルを総なめにする三冠王に、1982年、1985年、1986年と、実に3回も輝きました。ちなみに3回の三冠王を達成したのは、85年に及ぶプロ野球史上で、セ・パ両リーグを通じて落合さんただ一人です。そんな稀代の大打者は、中日の監督を務めた8年間にリーグ優勝4回、日本一1回を成し遂げた名将でもあります。

私は、今から20年以上前の1998年に、現役時代の落合さんと初めてお会いしました。当時すでに40歳を過ぎていた落合さんは、動体視力の衰えを自覚するようになっていました。そこで私は、妻の信子さんも交えて食事や栄養のアドバイスを行うと共に「断食」を実践してもらったのです。その結果、43歳で巨人の4番打者として、21本のホームランを打つ大活躍を見せてくれました。動体視力が見事に回復したことを、身をもって証明したわけです。

競技人生の長さということでは、現在はソフトバンクの監督を務める工藤公康さんのことにもふれないわけにはいきません。現役時代の工藤さんは、西武、ダイエー（当時）、巨人の3球団で日本シリーズを制覇するなど、通算でリーグ優勝14回、日本一11回を経験し、優勝請負人と呼ばれた名投手です。日本シリーズの通算最多奪三振記録も誇っています。

工藤さんとは2002年の巨人時代に、最初のご縁ができました。やはり親交の深い妻の雅子さんの献身的なサポートもあり、彼はすでに、コンディショニングにおける食や栄養の重要性を非常によく理解していました。その一環が、シーズンオフには1週間かけて取り組んだ「断食」でした。そして、47歳まで現役を続けるという偉業を成し遂げたのです。

ちなみに落合さんは2011年、工藤さんは2016年に、それぞれ野球殿堂入りを果たしています。二人の偉大さを象徴するものです。

こうした経緯から、まずはプロ野球界に断食ブームが広まっていきました。私が直接教えなくても、選手同士のクチコミで断食の知名度が上がっていきました。そして、リーグやチームも超えて、現役引退後も監督やコーチとして情報が還元されることで、「シーズンオフの断食」が、ある種の〝文化〟として根付いていったのです。

前述の落合さんと同じ頃にご縁ができたのは、アントニオ猪木さんと小川直也さんです。

プロレスラーだった猪木さんに断食プログラムをアドバイスしたのは、引退間際のことでした。断食前は足腰の痛みを訴え、体調に不安を抱えていた猪木さんでしたが、断食後には体調もよくなり、見事に引退試合のリングを飾ることができました。

その猪木さんの紹介で断食プログラムに取り組んだのが小川さんです。全日本柔道選手権で7回の優勝を果たし、1992年のバルセロナ五輪では銀メダルを獲得。プロレスラーに転向してからも、パワフルなファイトスタイルで人気を博しました。

当時の小川さんは、柔道家としての体からプロレスラーとして存分に動ける体につくり替える必要がありました。そこで断食プログラムや食事の改善などに取り組んだ結果、15kgの減量に成功し、プロレスラーの体として見事にシェイプアップされた姿でリングに登場することになったのです。

こうして、彼らの取り組みをメディアが報じ、プロ野球界や格闘技界だけではなく、日本のスポーツ界全体に「断食」が広まっていきました。そして彼らは、私がいちいち催促しなくても、自ら率先して断食を何度も行うようになります。その様はまるで恒例行事のようでもあり、彼ら自身が確かな手ごたえを得ている証拠でもあるのです。

では、そんな彼らの流れを受けて、コンディショニングの一環として「1日0食」に取り組む、さまざまな競技で活躍中のトップアスリートたちをご紹介しましょう。

現役アスリートの実践例①——白鵬関（大相撲）

第4章でも登場した白鵬関とは2012年に知り合い、それ以来、コンディショニングのさまざまなサポートを行っています。もともとは肉が好物でお酒もよく飲むという、典型的な力士にみられるような食生活を送っていました。しかしケガのせいで2016年の秋場所を休場することになります。この際に抜本的な肉体改造を行うべく、断食を実践するに至ったのです。

大相撲の力士にとって「1日0食」という選択は、通常であればなかなか受け入れがたいものでしょう。他の格闘技のように体重別で階級が分かれていない大相撲では、体が大きいほうが圧倒的に有利だからです。そのため力士たちは、たとえ一時的であったとしても、「体重が減ってしまう」ということに大きな不安を抱いているわけです。

実際、白鵬関自身もすぐに受け入れたわけではありませんでした。しかし、無理にでも食事をとって体を大きくする傾向のある力士には、ケガや故障が多かったり、そのせいで早々に引退を余儀なくされたりするケースも少なくありません。そんな中で断食を行えば、全身の細胞が若返り、コンディショニングもパフォーマンスも向上するはずだと白鵬関に伝えると、「細胞を若返らせる」ことの意味を理解し、ついに断食を決行したのです。

白鵬関は3日間の断食を行ったほか、滝行をしたり、植物性主体の「アスリート飯」を続けたりしました。その成果が、2017年の夏場所で1年ぶりの優勝を飾るという、最高の形で表れたのです。土俵での動きは軽快で、パワーも他の力士に全く引けを取らないものでした。

「食べるが勝ち」という大相撲の常識に対し、白鵬関は「物言い」をつけ、自ら覆してみせたというわけです。

彼はその後も、場所の合間に何度も断食を行っています。白鵬関が打ち立てた歴代最多の幕内優勝回数と勝利数を破る力士は、おそらく永遠に出てこないでしょう。あるいは、日本国籍を取得した今、親方となった後にも自身の経験を伝え、角界から数多くの「ゲーム・チェンジャーズ」を世に送り出してくれるかもしれません。

現役アスリートの実践例②——筒香嘉智選手（プロ野球）

アメリカ大リーグへの挑戦が決まった、元横浜ＤｅＮＡベイスターズの大黒柱で日本の主砲でもある筒香選手も、やはり断食の実践者です。最初に出会ったきっかけはベイスターズの坪井智哉コーチからの紹介でした。ちなみに坪井コーチとも現役時代（阪神）からのご縁です。坪井コーチをはじめ、これまでに縁のできた多くのプロ野球選手たちは、他球団への移籍後や現役引退後も、自身の経験をフィードバックすべく、他の選手たちに私のメソッドを伝えてくれています。スポーツ界のこうした流れは本当に嬉しい限りです。

筒香選手は２０１５年頃からシーズンオフの断食を取り入れています。２０１８年には1週間の断食を実施しました。実は、断食6日目に球団の選手会納会が重なったのですが、彼はその場でお酒には口をつけず、乾杯も水で行ったのです。特別メニューの豪華な料理も周囲の仲間に食べてもらったという徹底ぶりは、スポーツ紙でも取り上げられていました。

筒香選手といえば、23歳の若さでチームのキャプテンに選ばれたほどの人格者としても有名です。そして、野球のためならどんな努力も惜しまない貪欲さがあり、さまざまなことに興味を持って柔軟に取り入れようとしています。その一環として「断食」があるわけです。常に進化しようと探究し続ける彼の姿は、多くのアスリートのお手本になると思います。

彼は断食について、「リセットの意味もあるし感覚が研ぎ澄まされる」と言っています。目も耳も鼻もクリアになり、断食をやるようになってからは風邪もひいたことがないとのことです。

2018年のオフシーズンには、11月下旬に断食を終えてすぐ、2019年の元日にも再び1週間断食を行いました。彼自身が断食に手ごたえを感じていることの表れです。ちなみに、年末年始の断食は、アスリートだけでなくあらゆる人にもおすすめします。食生活が乱れがちなこの時期、心身のリセットには最適だからです。

現役アスリートの実践例③――横峯さくら選手（プロゴルフ）

男子選手も顔負けのパワーヒッターであると共にプレーの安定性も持ち合わせた、プロゴルファーの横峯さくら選手。さくらパパこと父の良郎さんをはじめ、横峯一家とご縁ができたのは2005年頃のことでした。横峯選手もコンディショニングの一環として、もう何年にもわたってシーズンオフの断食を実践してきたアスリートの一人です。

そして彼女もやはり、長いシーズンで酷使した体をリセットし、高いパフォーマンスを維持したり、さらなるレベルアップを図ったりする目的で断食に取り組んでいます。また、家族みんなで一緒に行い、お互いに体重や体調の変化などの記録をつけ合ったりして、楽しみながらリラックスして実践しているようです。

ちなみに彼女のように、家族や仲間、友人らと一緒に実施するのもおすすめです。「1日0食」の日々を共に過ごす同志がいるという、ある種の一体感や安心感が生まれ、一人で行うよりも取り組みやすいからです。

初めて行った際は3日間断食だったのですが、空腹感は思ったほどはなかったそうです。断食後には、体が軽くなって動きもよくなるほか、頭がさえて集中力も高まるのを感じると言っていました。さらに、肌がきれいになって化粧ののりがよくなることも喜んでいました。このあたりは女性アスリートならではの実感なのでしょう。

「ゴルフほどメンタルがものを言うスポーツはない」とよく言われます。私自身がゴルフの愛好家でもあるので、その意味が非常によく分かります。どれだけ実力があっても、メンタルのよしあしがスコアを大きく左右するからです、その影響度合いは、あらゆるスポーツの中でもかなり特殊な部類だと思います。

後述するように、断食には「脳が若返る」という効果もあるため、ゴルフのパフォーマンスにもダイレクトに好影響をもたらします。海外ツアーで奮闘中の横峯選手には、今後もますますの活躍を期待するばかりです。

海外の有名アスリートたちも断食で「リセット」

さて、ここまでは日本のアスリートの断食事情をご紹介してきましたが、海外のアスリートも独自に断食を取り入れているケースをよく見かけます。

例えば、2018年にアメリカ大リーグで野球殿堂入りを果たしたトレバー・ホフマンも、現役時代に断食を実践していた一人です。彼はサンディエゴ・パドレスで投手として活躍し、大リーグを代表するクローザー（抑えの守護神）として知られていました。大リーグ初となる600セーブに到達し、歴代2位の通算601セーブを達成しています。

そんな彼も、シーズンオフになると必ず断食を行っていました。それも、なんと2週間という長期断食です。私はそれに驚き、とても興味を持ったため、知人を介して現役時代のホフマンに会うべくサンディエゴを訪れることにしました。

球場のクラブハウスでさまざまな話を聞いたのですが、彼の摂生ぶりには感心するばかりでした。アルコールやコーヒーはいっさいとらず、アメリカ人でありながら玄米ご飯と温野菜が中心の食事で、温野菜も、単に茹でただけで味付けなしというシンプルなものでした。

そして、長期断食についても語ってくれました。内臓のデトックス（解毒）を目的に、お手製の野菜ジュースだけで2週間過ごすというのが、シーズンオフの恒例になっているそうです。これが、43歳まで現役を続けた秘訣だったことは間違いないでしょう。

有名アスリートといえば、陸上短距離界のスーパースターだったカール・ルイスも断食実践者であることは、意外に知られていないかもしれません。ロサンゼルス、ソウル、バルセロナ、アトランタと4回の五輪に出場し、合計9個もの金メダルを獲得しています。

彼は「草食系」のアスリートとしても有名で、1990年からビーガン食を実践しており、本人もそこから最高のシーズンを迎えたと述べています。現役引退の1年前、1996年のアトランタ五輪には35歳で臨むことになりました。この際、大会前に断食を行ってから本番に挑んだのです。

すでに選手としてのピークを過ぎ、特に瞬発力を要する競技では不利かと思われましたが、走幅跳で見事に金メダルに輝き、個人種目で五輪4連覇という偉業を達成することになりました。これぞ「草食系×断食力」の賜物だったのでしょう。

アスリートたちがこぞって「1日0食」を実践するわけ

そもそも、なぜ私がアスリートに断食プログラムを実践してもらうかというと、端的にいえば「脳と体が若返る」からです。落合さんや工藤さん、猪木さん、小川さん、そして白鵬関も筒香選手も横峯選手も、みんな若返ったのです。しかも、心と体の両面からです。だからこそ、

「リセット」という言葉が何度も登場しているのです。

皆さんは断食に対して、修行か何かだと思っているかもしれません。アスリートの断食を報じるメディア側も、ある種の色物扱いをしているようなきらいさえ感じられます。しかし私の断食プログラムは、れっきとしたコンディショニングのメソッドです。トレーニングの一環として取り組んでいるアスリートもいます。

また、一般的にはダイエット（減量）の手段だと思っている人も多いようですが、それは全く違います。確かに減量効果もあるものの、それはあくまでもワンオブゼム、しかもどちらかといえば枝葉末節にすぎません。「食べないこと」の持つ多様な効果――脳と体の若返り効果――は科学的にも証明されています。

それに、「1日0食」とはいえ、全く何もとらないわけでもありません。私がおすすめしている独自の断食プログラム「ミネラルファスティング」の方法やポイントについては、後ほど解説することにしましょう。

世界で活躍中の日本人アスリートでも、コンディショニングに失敗しているのではないかと思われるようなケースをよく見かけます。それは、ポテンシャルは文句なしに素晴らしいのに、故障しがちだったり、肝心な場面で実力を発揮できなかったりするアスリートが目立つからです。その要因は心と体の両面にあると考えられ、いくらでも対処法があるように映るため、見ていてもどかしく感じることも少なくありません。適切な断食プログラムを実践したうえで、ここまでご紹介してきた「アスリート飯」をとるようにすれば、彼らにもきっと大きな変化がみられるに違いないと確信しています。

トップアスリートであればあるほど、できるだけ長く、高いレベルで競技人生を全うしたいと考えるはずです。それに、大半のアスリートは競技人生よりも引退後の人生のほうがずっと長いはずです。一人の人間として健康で長生きしたいと願うのは、一般の人であれアスリートであれ、何ら違いはないことでしょう。

これらをかなえる上で大きな鍵となるのが、「1日0食」の実践なのです。

細胞に「メンテナンス」と「食事」の時間を与える

では、なぜ食を断つという行為に若返り効果があるのでしょうか？　それは、全身の細胞が待ち望んだ「日常の時間」がようやく確保されるからです。

そもそも、生物にとっての「食」とは本来、いつありつけるか分からないような「非日常」の一大イベントです。幸運にもありつけた場合は、ここぞとばかりに、食べ物の消化や吸収にエネルギーを集中させます。その一方で、食べ物にありつけない「日常」の時間を有効活用して、全身の細胞は自身のメンテナンスをじっくり行います。そうすることで「非日常」の到来に備えるわけです。

ところが現代は「飽食の時代」といわれるようになり、私たちは食事にありつけないどころか、身の周りに食べ物があふれかえった状態です。つまり、非日常と日常が正反対になってしまい、全身の細胞はメンテナンスの時間を確保できなくなっているのです。

だからこそ、いつも何かしら食べているという生活をいったんストップし、食べない時間を意図的につくり出す必要があります。そうすれば、待ってましたとばかりに全身の細胞がメンテナンスに取りかかることができます。その結果、細胞は本来の機能を取り戻すことができる、要するに「若返る」というわけです。

実際、アメリカで行われた研究においても、断食によって、骨や筋肉、肝臓、脳、免疫など、全身のさまざまな部位で働く、あらゆる種類の細胞の再生が促進されていたことが分かっています。まさに全身の細胞が一斉に、メンテナンスをじっくり行った結果です。

こうしたメンテナンスを行うと同時に、細胞は、私たちが食べていない時間に「食事」もとります。しかもそれは「自分で自分を食べる」という行為です。

人が食べないときに、細胞は食事をする。それも自分自身を食べる――。第3章で、タンパク源の4分の3が、実は「体内由来」のものであるとお伝えしました。不要になった「人間用タンパク質」をいったん分解してから用途に応じてつくり直すという作業が、ひとつひとつの細胞の中で行われていて、細胞の中にも胃や腸と同じような「小さな消化器官」が存在する……という話でした。実は、このようなリサイクルの仕組みも、断食を行うことで誘発されたり、活性化したりすることが分かっているのです。

このように、「食べること」と「食べないこと」は表裏一体です。細胞の立場で考えるなら、あるいは心と体のリセットや若返りを図りたいなら、ときには皆さん自身が食べない時間を意図的に設けて、細胞たちを存分にいたわってやってください。

「生命の脳」を刺激してファインプレーを生み出す

断食が「ファインプレー」を生み出すことも、アスリートには大きなメリットとなります。

私たちの脳は、大きく分けて3種類の部位で構成されています（図21）。もっとも外側にある大脳新皮質、その内側の大脳辺縁系、そして最も奥にあるのが脳幹や大脳基底核です。脳は、生物の進化と共に外へ外へと発達していったため、大脳新皮質は「人間の脳」、大脳辺縁系は「動物の脳」、脳幹や大脳基底核は「原始の脳」や「生命の脳」などとも呼ばれています。

このうち「生命の脳」にはさまざまな役割がある中で、感覚神経や運動神経、姿勢反射といった、アスリートのパフォーマンスに直結するような神経の中継地や中枢となっています。断食は、この「生命の脳」を活性化することによって、アスリートの妙技や美技を生み出す働きがあるのです。

それは、現役アスリートの実践例としてもご紹介した白鵬関が、まさに身をもって示してくれています。

２０１９年3月に大阪で行われた、大相撲春場所での出来事です。折り返しの8日目、白鵬

図21　脳は3種類の部位で構成されている

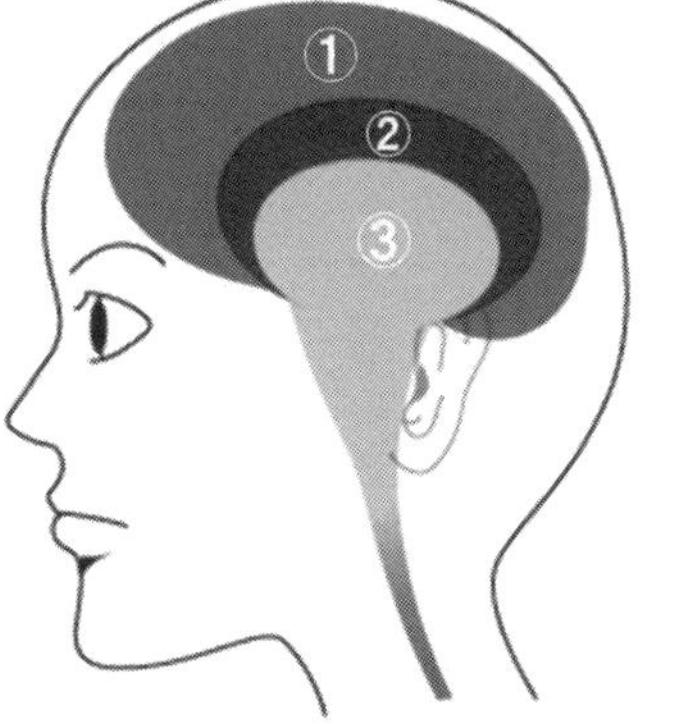

①人間の脳

大脳新皮質を指す

意欲的活動を司る
話す・聞く・推論する・計算するなど
人間にしかできないことを全て担当

②動物の脳

大脳辺縁系が該当し、海馬や扁桃体が含まれる

記憶や好き嫌い・恐怖などを感じる
本能的にたくましく生きる
動物のような欲望的行動

③生命の脳

脳幹や間脳、大脳基底核が該当

食べる・寝るなど原始的機能を司る
行動パターンが反射的自律的
意思のない生命現象

関は立ち合いから相手力士にうまくいなされ、なんと完全に背中を向けた体勢になってしまいます。万事休すかと思われたそのとき、一瞬の判断でくるりと回転して再び前を向き、すかさず左から小手投げで相手力士を土俵にたたきつけたのです。

さらに10日目にも、先場所優勝の相手力士が白鵬関の背後に回るという、絶体絶命のピンチに陥ります。しかしここでも、振り向くやいなや相手力士が右横から突進してくるのを確認すると、ぱっと後ろに下がってそれをかわし、見事に突き落としを決めたのです。

白鵬自身、いずれの場面も慌てず冷静だったと振り返っています。素早さや身のこなしの柔らかさ、反射神経、判断力、対応力、集中力……。あらゆる力が結集した、驚異の「ファインプレー」の連続でした。

解説者や審判長も、「まるで背中に目があるようだ」「一瞬のうちに3つの動作をしている」「普通ではできないこと」「運などというレベルではない」「横綱が15日間これを続ければ誰もかなわない」などと大絶賛の嵐でした。そしてその言葉通り、白鵬関はこの場所で全勝優勝を成し遂げることになるのです。

どんなスポーツにおいても、ファインプレーはアスリートやチームに勝利や成功をもたらし、ファンの心を躍らせます。断食は、そんなシーンをたくさんつくり出すうえでも大いに役立つというわけです。

元気なミトコンドリアを増やし、炎症や酸化を抑え、脳が若返る

アスリートの皆さんが断食を実践することでコンディショニングに役立つ要素は、他にもあります。例えば、ここまでに何度も登場している「ミトコンドリア」への効果です。断食を行うと、細胞のメンテナンスを通じてミトコンドリアの働きも回復します。また、ミトコンドリアの数も増えることが分かっています。つまり、全身の細胞でエネルギー生産がパワーアップするというわけです。

断食は「アスリート飯」とは別の仕組みで、炎症のコントロールにも役立ちます。やはり第5章で何度も登場したCRP（炎症マーカー）の血中濃度を下げることが分かっていますし、断食によって体内でつくり出される「ケトン体」が、炎症の増進に関連する物質をダイレクト

に阻止することも、アメリカの研究で示されています。ケトン体については改めて後述します。

断食を行うと、極めて重要な「人間用タンパク質」の数々が増えることも報告されています。その代表格がＳＯＤやＢＤＮＦです。ＳＯＤ（スーパーオキシドディスムターゼ）は抗酸化酵素の一種で、細胞の酸化ダメージを防ぐ働きがあります。抗酸化物質は栄養素として摂取するだけでなく体内でもつくられていて、私たち人間が生物の中でもダントツで長寿を誇っているのは、ＳＯＤの活性が高いおかげであるといわれています。

もうひとつのＢＤＮＦ（脳由来神経栄養因子）は、神経細胞の増殖に不可欠なタンパク質で、断食を行うとＢＤＮＦが増加し、海馬（記憶を司る脳の部位）の神経発生を促進することが知られています。これが、断食によって「脳が若返る」理由の一端です。

断食を通じたこれらの効果は、アスリートの皆さんに特に深く関係するようなものだけをピックアップしたまでであって、あくまでもほんの一部にすぎません。それでも、「断食力」の片鱗を十分に感じていただけたのではないかと思います。単なるダイエット法とは全くの別物であることや、修行などとも一線を画すコンディショニングの科学的なメソッドであることも、大いに理解していただけたはずです。

そして、すでにお気づきのように、アスリートの皆さんだけでなく、あらゆる人の健康の維持増進に幅広く役立つのが、脳と体が若返る「断食力」の神髄なのです。

断食によるデトックス効果も見逃せない！

アスリートの皆さんに断食をおすすめする別の理由として「デトックス効果」があります。デトックス（解毒）というと、健康や美容の世界でよく見聞きする言葉で、スポーツの世界とは無縁のように思われるかもしれませんが、実際にはアスリートの皆さんにもダイレクトに関連する重要なポイントです。

私たちは何かを飲んだり食べたりするたびに、必ずと言っていいほど何らかの有害物質を体内に取り込んでしまっています。そして、有害物質は全身の細胞の働きを阻害するため、コンディショニングやパフォーマンスに悪影響を及ぼしてしまうというわけです。

皆さんはあまり自覚がないかもしれませんが、誰もがさまざまな有害物質をこれまでに取り込んでいます。それは、水銀や鉛などの有害ミネラルであったり、いわゆる環境ホルモンと呼ばれる種々の化学物質であったり、食べ物の残留農薬や食品添加物であったり……。そしてこれらは確実に私たちの体をむしばんでいます。

それぞれの物質が細胞に害をもたらす仕組みは多種多様ですが、これらには共通して「油に溶けやすい」（脂肪組織に蓄積しやすい）という性質があります。しかし断食を行うと体脂肪がエネルギー源として使われるため、その際に、体脂肪に蓄積していた有害物質が遊離して、体外に排出されやすくなるのです。

なお、断食の解毒効果に関する近年の研究では、質の高いカロリー制限食（少食）と断食の組み合わせが、体内の抗酸化力を高めることによって、脂肪組織から遊離した有害物質の悪影響（酸化ダメージ）を受けないようにするという、興味深い結果も示されています。後ほどご紹介する「ミネラルファスティング」のプログラムでは、準備期の食事が「質の高い少食」に当てはまります。つまり、準備期をしっかり過ごしたうえでミネラルファスティングに取り組めば、より安全かつスムーズに解毒を促進できるというわけです。

また、デトックスということでは、体内の「オイル交換」にも断食が役立ちます。第5章の「油のとり方」のポイントとして、「高オメガ3・低オメガ6・低飽和脂肪酸・トランス脂肪酸ゼロ」が基本であることをお伝えしましたが、皆さんの体内には、これまでの食生活で着々と取り込んできたであろう、過剰なオメガ6や飽和脂肪酸、さらには百害あって一利なしのトランス脂肪酸が、全身に蓄積してしまっているはずです。

前述のように、断食中は体脂肪がエネルギー源として利用されるため、こうした余計な脂肪酸が全て一掃されると考えられます。そのうえで、「油のとり方」を徹底した食事に切り替えれば、全身のオイル交換が完了するというわけです。

こうした理由からも、順番としては、「アスリート飯」を本格的に開始する前に断食を実践していただきたいのです。ありとあらゆる有害物質を追い出してから質の高い食事をとることで、全身の細胞の環境が非常に良好になり、最終的にはコンディショニングやパフォーマンスの向上につながります。

3つの期間が鍵を握る「ミネラルファスティング」

ここまでお読みになった皆さんは、今すぐにでも「1日0食」の世界に足を踏み入れたくなったかもしれません。それでは、私が長年の研究を経て考案・確立した「ミネラルファスティング」の方法をお伝えすることにしましょう。

ファスティングは断食のことですが、全く何もとらない断食ではありません。断食時には特に重要となる、ミネラルなどの栄養素を摂取しながら行います。また、いきなり断食を始めたり、断食後はすぐに通常の食事に戻ったりするわけでもありません。断食前後の期間も重視する、トータルパッケージの包括的なプログラムです。

ミネラルファスティングは、次のような3つの期間で構成されています。

●準備期（3〜5日間）

…ミネラルファスティングの効果を最大限に高めるために、全身の細胞の環境を整えて万全の状態で臨むための期間です。ここからすでにプログラムは始まっています。準備期から、第5章でお伝えした「アスリート飯」に切り替えるようにしましょう。これから断食するからといって、食べ収めとばかりに暴飲暴食に走ってしまっては元も子もありません。玄米ご飯と具だくさんの味噌汁を柱に、質の高い植物性主体の食事をとるようにしましょう。これに加えて良質の亜麻仁油も摂取するようにしてください。また、1食分や1日分の食事量を徐々に減らしていくようにするのもポイントです。

●断食期（3〜7日間）

…専用ドリンクを飲みながら過ごします。第4章でもお伝えした万能ミネラルの「マグネシウム」、解毒や組織の修復に役立つ「MSM」（メチルスルフォニルメタン）、そしてケトン体の有効活用に不可欠な「カルニチン」を強化した、野菜や果物をベースに発酵・熟成させた専用ドリンクを適量の水で割って、1日に4〜5回に分けて飲みます。最初の1〜2日を過ぎれば、空腹感も自然に和らいでくるはずです。この期間中はハードなトレーニングなどは行わず、軽いウォーキング程度にとどめてください。この点からも、やはりアスリートの皆さんにとっては「シーズンオフ」に行うのが最も適しています。

●復食期（3〜5日間）

…断食期が終了した後は、徐々に「アスリート飯」に戻していきましょう。具体的には、終了後の初日から2日目あたりまではお粥にして、様子を見ながら少しずつ「いつもの玄米ご飯」に移行していくようにしてください。復食期に何を食べるか、どう過ごすかは、準備期と同じように、ミネラルファスティングの成否を大きく左右します。やれやれ断食が終わったと、打ち上げ感覚で焼き肉を食べにいったりお酒を飲んだりすると、プログラム全体が台無しになってしまいます。リセット効果や若返り効果を最大限に得るためにも、この期間を慎重に過ごすようにしてください。

ミネラルファスティングの詳細については、私の著書の『脳と体が若くなる断食力』や『【図解】脳がよみがえる断食力』（いずれも青春出版社）なども参考にしてください。いずれにせよ、単に断食を行えばよいというわけではなく、前後の準備期と復食期も含めたトータルパッケージのプログラムであることを、しっかり頭に入れておいてください。

高校生以上のアスリートであれば、問題なくチャレンジしてほしいと思います。プログラム全体の日数は最短でも9日間、最長では2週間以上になりますので、ご家族の皆さんや仲間同士でイベントのように行うのがよいでしょう。「食べないこと」に対するある種の不安感や恐怖感が和らぐでしょうし、他の人と一緒に実践するという一体感や共有体験は、かけがえのないものになるはずです。

なお、中学生までのアスリートは、最初は「1日断食」から始めるのがよいかもしれません。例えば、まず朝食に玄米ご飯のおにぎりをよく噛んで食べ、それ以降は昼食も夕食もとらずに就寝し、翌朝も何も食べずに過ごします。そして、丸々24時間の食べない時間が経過した時点で1日断食が終了し、昼食をとる……という方法です。これも、ご家族で一緒に取り組むとやりやすいのではないかと思います。ちなみに前述の工藤公康さんも、現役のシーズン中は毎週月曜日を1日断食の日にしていたようです。

とにかく、百聞は一践に如かず、まずは行動あるのみです！

ケトン体のフル活用で「ゲーム・チェンジャーズ」の一員に

さてここで、すでに何度か登場してきた「ケトン体」について説明しておきましょう。ケトン体は、いわば予備燃料のような物質です。

普段の生活では、私たちは毎日の食事を通じてエネルギー源を摂取していますが、断食中は食事由来のエネルギー源がほとんど入ってきません。そのため、「体内にあるもの」からエネルギーをつくり出すような仕組みに切り替わります。その主要なエネルギー源となるのが脂肪組織（体脂肪）です。

ただし、そのままエネルギー源になるわけではなく、いったん肝臓に届けられて、脂肪の構成成分の一部（グリセロール）がブドウ糖に、残りの成分（脂肪酸）がケトン体につくり替えられます。これらを利用する際に、ミネラルファスティングの専用ドリンクにも含まれているマグネシウムやMSM、カルニチンが必要となります。

そして、ケトン体は予備燃料としての役割だけにとどまりません。ここまでお伝えしてきた、断食による心身の若返り効果の多くは、実はケトン体の作用を通じてもたらされているのです。しかし、断食を行いさえすればすぐにケトン体がつくられるわけではありません。本格的に増え始めるのは、断食を開始してから4日～1週間後であることが分かっています。このため、ケトン体の恩恵をできるだけ多く受けられるように、専用ドリンクを用いながらの断食期を「3～7日間」に設定しているわけです。

一般の人が健康の維持増進などのために行うのであれば、1日断食や3～4日の断食でも一定の効果は得られるでしょう。しかし、アスリートのコンディショニングの手法として最も理想的なのは、筒香選手も行っていた「1週間断食」です。前後の準備期と復食期もしっかり過ごせるように、シーズンオフに2週間前後の日数を使って、じっくり取り組んでいただきたいと思います。断食期が長くなるほど、準備期と復食期も長くとるようにしてください。

第2章でご紹介した映画に登場する「ゲーム・チェンジャーズ」の一人として、ある陸上選手が「ライバルとは違うことをする」とコメントしていたのを覚えているでしょうか。彼女の場合は、それが「ビーガン食に切り替えること」であり、見事に成功を収めたわけですが、皆さんも「アスリート飯」と「シーズンオフの断食」で、ライバルたちとは大きく違うことを実践し、「ゲーム・チェンジャーズ」の仲間入りをしてみませんか?

第7章

誰でも「超人アスリート」になれる遺伝子の秘密

驚異的な力を発揮した3人の「超人アスリート」

この章では少し趣向を変えて、遺伝子の世界に視点を据えながら、アスリートのコンディショニングやパフォーマンス向上につながる話をしていきたいと思います。その導入として、まずは3人の「超人アスリート」を紹介しておきましょう。

一人目は、世界的な登山家のラインホルト・メスナーです。

メスナーは、世界にある全14の8000m峰を酸素ボンベなしで登頂するという、史上初の偉業を成し遂げた人物です。標高8000m付近の酸素濃度は平地の3分の1、気温はマイナス40℃、しかも常に強風が吹き荒れているという、その場にいるだけでも命にかかわるような極めて過酷な環境です。そこへ大量の荷物を背負いながら登頂し、無事に下山するという神業を、実に14回も達成したわけです。

そんな彼が取り入れていたのが、▽冷水のシャワーを毎朝浴びる、▽高度差1000mの斜面を毎日駆け上がる、▽肉を食べず、週に1回は断食を行う……という習慣やトレーニングです。常日頃からこうした習慣やトレーニングを続けていたからこそ、脳幹が活性化し、全身の細胞の生命力が別次元にまで高まり、驚異的な偉業を達成できたのではないかと考えられるわけです。実際に彼は、「私は超人でも何でもない。ただ、生命力を発揮するための方法を多く知っていただけだ」とも語っています。

二人目は、フリーダイビングのジャック・マイヨール（故人）です。

マイヨールといえば、自伝をもとにつくられた映画『グラン・ブルー』が有名です。２０１９年には『ドルフィン・マン』という、彼の生涯を追ったドキュメンタリー映画も公開されました。彼は、酸素ボンベを利用しない無呼吸潜水（素潜り）で、世界で初めて水深１００ｍを突破するという大記録を打ち立てた超人アスリートです。

水深１００ｍまで潜って再び水面まで戻るには、約５分間も息を止めていなければなりません。しかもその間、吸い込んだ空気中の窒素の作用で、そして水圧で肺がつぶれてその窒素が濃縮するせいで、泥酔したような状態になるといわれています。さらには、呼吸を長く止めることで突然生じる意識消失（ブラックアウト）の危険も常に付きまといます。

こうした中で、驚異的な潜水能力を発揮できる秘訣を調べるべく、潜水中のマイヨールにさまざまな検査が行われました。その結果、彼の脈拍は毎分20回程度にまで下がっていた（一般的には70回前後）ことや、赤血球の数が大幅に増えていたことなどが明らかになったのです。彼の体に生じたこれらの変化が、大記録の達成に大きく貢献したものと考えられます。

そして三人目は、元マラソン選手の高橋尚子さんです。

Qちゃんの愛称でおなじみの高橋さんは、２０００年に行われたシドニー五輪で見事に優勝し、日本女子陸上界初の五輪金メダリストとなりました。ゴール後は疲労困憊のはずが終始にこやかで、インタビューでも「すごく楽しい42キロでした！」と満面の笑みで答えていたのがとても印象的でした。

そんな高橋さんが取り入れていたのが「超高地トレーニング」でした。当時のマラソン界ではすでに高地トレーニングが一般的になっていて、標高１６００ｍ前後の場所で行うのが最適とされ、それよりも標高の高いところでトレーニングするのはむしろ逆効果であると考えられていました。ところが高橋さんの場合、なんと標高２６００ｍの地点からスタートし、３５００ｍという超高地に至るまでの25㎞もの砂利道を全力で駆け上がり、そのまま合計35㎞を何本も走破するという、実に過酷なトレーニングを試みたのです。

周囲からは「非常識」「無謀」という声も挙がる中、五輪本番は笑顔で優勝のテープを切ったわけですから、高橋さんの超人ぶりにも驚くほかありません。

「生命の危機」で増加するストレスタンパク質

さて、メスナー、マイヨール、高橋さんという超人アスリートたちは、三者三様の「強烈なストレス」のもとで驚異的な力を発揮したという点が共通しています。このように、いわば「生命の危機」にかかわるようなストレスを受けると、私たちの体を構成する細胞の中では、身を守るための物質が通常よりも多くつくられるようになります。この物質にはさまざまな種類がありますが、総称して「ストレスタンパク質」といいます。

ストレスタンパク質は、最初に発見された際に高温（高熱）のもとで多くつくり出されていたことに由来し、「熱ショックタンパク質」（ＨＳＰ）とも呼ばれています。

例えば、プロ野球の広島や阪神で活躍した金本知憲さんや新井貴浩さんらは、現役時代のシーズンオフに護摩行を行っていたことで有名です。護摩行は、火をつけた護摩壇に供物や護摩木を投じて祈願する修行で、燃え盛る炎の猛烈な熱さと煙にさらされます。彼らの体の細胞でもHSPが多くつくられ、生命力が高まっていたはずです。彼らを真似て、プロ野球界では護摩行に取り組む選手が増えているようですが、これは単なる精神面の鍛練ではなく、科学に基づく立派なトレーニングになっているのです。

とはいえ、熱さ以外のストレス要因によってもHSPの合成が促進されます。これまでの研究では、低酸素や虚血（血流が滞る）、飢餓、温度差（暑さ寒さ）、活性酸素、細菌感染やウイルス感染、炎症など、実にさまざまなストレス要因が引き金となって、HSPが多くつくられることが示されています。いずれの要因も「生命の危機」をもたらし、その状況を何とか生き延びようと驚異的な力を発揮するようになるわけです。

メスナーは、低酸素、激しい運動、寒冷、断食といった要素が、HSPを多くつくり出すストレス要因となっていたことでしょう。マイヨールの場合、呼吸ができない状態や激しい水圧、さらには恐怖感との闘いなどが、これに該当したはずです。高橋さんも、超高地でのトレーニングという過酷な環境に伴うさまざまなストレス要因に、日々さらされていたと考えられます。こうした要因が3人を超人アスリートたらしめたわけです。

HSPの主な仕事は、細胞内で働くさまざまなタンパク質の不良品が出てくるのを防いだり、不良品になってしまったタンパク質を修理・再生したりすることです。第2章で、タンパク質を論じる際に最も重要なポイントとして、「人間用タンパク質」をいかに正しくつくり出し、正しく働かせるか……ということをお伝えしましたが、このポイントにも深くかかわっているのがHSPなのです。そして、特別なストレスにさらされた際にHSPの合成量が増加し、細胞ひとつひとつの生命力が高まり、ひいてはアスリートの皆さんの秘めたるポテンシャルが次々に花開くというわけです。

厳寒の京都で全員が滝行を達成できたわけ

私が行っている断食プログラムでは「滝行」も取り入れていて、以前に真冬の京都・大原で開催した断食合宿でも滝行を実施しました。

京都市北部の山間部にある大原は、冬の底冷えもひときわ厳しく、特にこのときは大寒波が到来し、その冬一番の冷え込みとなりました。しかも一面の雪景色です。私は、参加者全員に滝行を体験してもらうのはさすがに厳しいだろうと思い、やってみたい人だけにチャレンジしてもらえばいいと考えていました。

ところが、最初は尻込みしていた人たちも次々と滝壺へと入っていき、最終的には参加者全員が無事に滝行を行うことができたのです。しかも一様に、先ほどの高橋さんばりの笑顔です。ちなみに参加者は男性も女性も、全て一般の方々でした。正直、この結果には私も非常に驚きました。

これが、断食をせずに滝行だけを行うという状況だった場合、おそらく全員の達成は無理だったのではないかと思います。「断食」を行いながらの「極寒の滝行」だったからこそ、全身の細胞の生命力が開花したのだと考えられるのです。

「飢餓」と「寒冷」は、いずれもHSPの合成が促進される代表的なストレス要因です。つまりここでは、両者の相乗作用によってHSPが大幅に増加し、断食にも、極寒の滝行にも耐えうるような細胞のポテンシャルが発揮されたものと思われます。たとえどんなに筋肉や体力がある人でも、厳冬のもとでの滝行だけを実施したのであれば、おそらくギブアップする人が続出したことでしょう。水のあまりの冷たさにとても耐えられなかったはずです。しかし、複数のストレスが組み合わさったからこそ、生命力がさらに高い次元にまでレベルアップしたものと推測できるわけです。

ちなみに、断食を行うと、抗がん剤や放射線治療の副作用（毒性）から正常な細胞を守りながら、がん細胞だけに狙いを定めて、それぞれの治療効果を高めることができるという研究結果も示されています。

これは、アメリカの南カリフォルニア大学が中心となって進めている研究で、断食を行いながらこれらの治療法を実施すると、致死量の抗がん剤が投与されているマウスで生存率が高まったり、副作用がみられなかったり、免疫システムが守られたりすることがこれまでに報告されているのです。なお、これらの効果は、第6章でもご紹介した「ケトン体」によって得られるものであることも分かっています。

通常であればマウスが命を落とすほど毒性の強い抗がん剤を投与されているのに、マウスを絶食させただけで生き延びてピンピンしていたというのは、何とも驚異的です。これぞまさに、生命力がレベルアップした証拠です。抗がん剤も放射線治療も細胞にとっては大きなストレス要因ですから、先ほどの「断食×極寒の滝行」と同じように、「断食×抗がん剤」「断食×放射線治療」という複数のストレスが組み合わさることで、マウスの生命力が格段にレベルアップしたと考えられるわけです。

私は何も、抗がん剤や放射線治療といった慣習的な現代医療を認めているわけではありません。細胞環境デザイン学に照らし合わせると、むしろ問題だらけであると断言します。私がここで言いたいのは、断食の持つ「治す力」の偉大さに加えて、一般にはネガティブなイメージばかりが先行しがちなストレスというものが、組み合わせによっては生命力のポテンシャルをどんどん呼び覚ます可能性を秘めているのだということです。

「ストレスの合わせ技」で新しい次元を目指そう

第6章で、断食を行うと「人間用タンパク質」のリサイクルの仕組みが誘発されたり、活性化したりするということをお伝えしましたが、これはまさに、「飢餓」というストレスを通じて細胞内のHSPが増加した結果として生じたものです。

前述のように、飢餓のほか、暑さ寒さや低酸素といった環境にさらされることによっても、このリサイクルの仕組みが活性化し、「人間用タンパク質」の不良品が発生するのを防いだり、不良品を修理したり、いったん処分して別のタンパク質の材料に回したりする働きが、より一層強化されるのです。全身の細胞はこうして、ストレスのもとでも生き抜こうとするわけです。

メスナーや高橋さんが取り組んだ「高地トレーニング」や「超高地トレーニング」も同じです。高地トレーニングは、低酸素状態に長期間さらされることによって、低酸素に対応するための遺伝子が働き出すようになります。また、高地では気圧や気温も低くなるため、赤血球のヘモグロビンから酸素を切り離す物質（DPG）が増加し、全身の細胞に酸素が行き渡りやすくなるのです。マイヨールの場合は潜水のたびに全身が虚血状態になり、まさに細胞たちが「生命力を高めて生き延びなければ！」と必死になっていたことでしょう。

さらに、こうしたストレスにさらされ続けていると、全身の細胞はストレスに耐える力を獲得し、より強いストレスのもとでも生き抜いていけるようになります。運動負荷というストレスに低酸素などの別のストレスが組み合わされれば、こうした効果はさらに高まることになります。これが超人アスリートたちの偉業を生み出したのだろうということです。

第6章の「生命の脳」の話でも登場しましたが、私たちの脳には、生命維持の要として原始的・根幹的な機能をつかさどる「脳幹」という部位があります。この脳幹は、ある種の「生命の危機」に瀕すると活性化し、何とか生き延びようとします。そのときにＨＳＰが増加し、リサイクルの仕組みをどんどんパワーアップさせるのです。

白鵬関と話をしているときに、「もう無理だ、もう限界だと思うような厳しい稽古を乗り越えると、新しい次元に到達できる」と言っていたのをよく覚えています。現に、モンゴルから来日したばかりの頃の彼は華奢な体つきで、毎日の稽古についていくのもやっとという日々だったそうです。しかし、そんな息も絶え絶えの日々を繰り返していくうちに、どんどん強くなっていき、最終的には大横綱としての地位を築くに至ったわけです。

アスリートの場合、普段から厳しいトレーニングを積んでいるという時点で、すでに相当なストレスにさらされているわけですが、逆に言えば、そこに別のストレス要因を意図的に組み合わせることで、一般の人に比べて全身の細胞の生命力をレベルアップさせやすい環境にあるとも捉えることができます。

皆さんも、定期的な断食を習慣づければ、これまで以上にハードなトレーニングにも耐えられ、なおかつ試合本番ではポテンシャルがさらに発揮されるような、新しい次元に到達できることでしょう。ぜひとも、ストレスの合わせ技でポテンシャルをもっと開花させてください。

生命を形づくる「3つの要素」とは

先ほど、高地トレーニングのところで「低酸素に対応するための遺伝子が働き出す」とお伝

図22　生命を構成する3つの要素

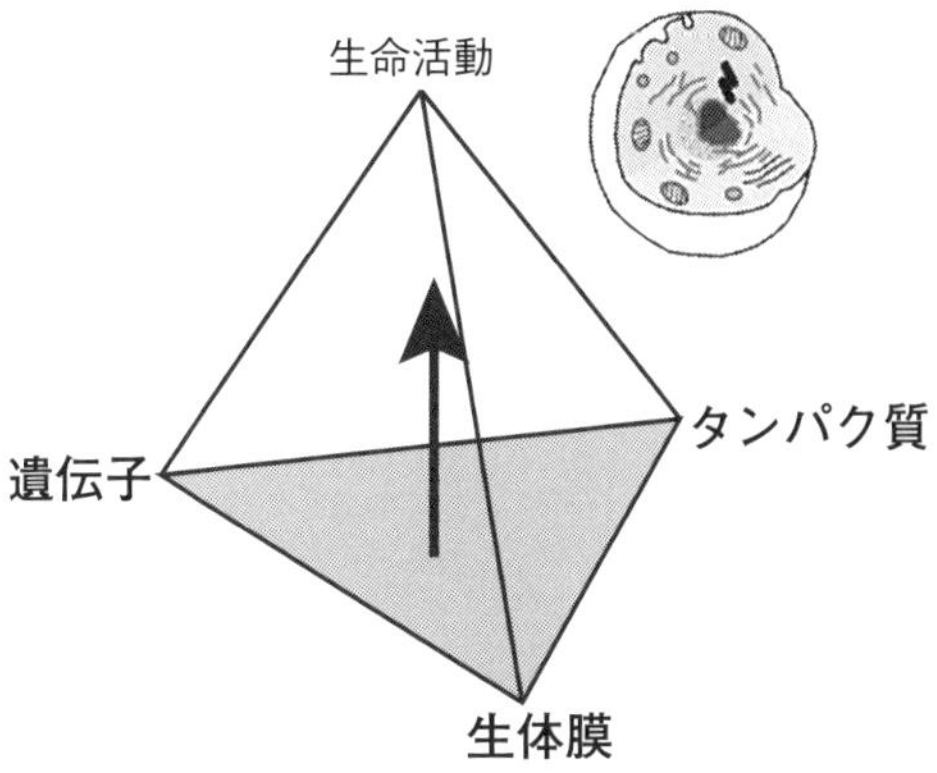

えしました。ここではもう少し踏み込んで、遺伝子に関する話をしておきたいと思います。やや専門的な話にはなりますが、できるだけ噛み砕いてお伝えしますので、ポイントだけでも押さえておくようにしてください。

まず、生命を構成する要素は、「タンパク質」「生体膜」「遺伝子」の3つに大きく分けることができます（図22）。

タンパク質は、細胞や私たちを形づくる部品としての働きのほかに、生命活動に不可欠な化学反応を、高温ではなく常温（36℃前後の体温）で速やかに起こすための酵素や、細胞内外の物質の運搬を行う輸送体、細胞同士のコミュニケーションを担当する伝達物質など、生命活動そのものをつくり出す役割、あるいは生命活動とはタンパク質をつくり出すことといっても過言ではないくらい、極めて重要な存在です。

とはいえ、いくらタンパク質が重要であるといっても、そのタンパク質を適切に働かせるための場所を提供しない限り、生命活動は行われません。そのために存在するのが生体膜です。生体膜は、細胞の内側と外側を仕切る細胞膜、そして細胞内小器官を形成する膜として、それぞれ機能しています。また、生命活動を行う上での生体膜の役割は実に多種多様であり、単に仕切りとして存在するわけでもありません。

さらに、タンパク質をつくるためには、その材料となるアミノ酸の並ぶ順番を決める必要があると同時に、その情報を次の世代に伝える必要もあります。そのために絶対不可欠となるのが遺伝子です。

これら3つの要素は、それぞれ独立しているように見えて、実際にはお互いに深く関与しています。例えば、あるタンパク質の設計図が書かれた遺伝子がなければ、そのタンパク質をつくることはできませんし、その遺伝子に異常があれば、つくられたタンパク質も異常なものになります。生体膜がなければ、タンパク質の製造や加工を担当する細胞内小器官も存在することはありませんし、これらの生体膜に異常があれば、タンパク質を正しくつくることもできません。遺伝子の詰まった細胞核も生体膜（核膜）で包まれています。

このように、タンパク質と生体膜、遺伝子という3つの要素が揃いつつ、これらがお互いにうまく連動しあうことで、初めて生命活動が正しく行われます。3つの要素が適切に連動しなかったり、いずれかの要素に何らかの異常があったりすれば、当然ながら生命活動にも異常をきたすことになります。アスリートの場合、ケガや故障のほか、コンディショニングに悪影響を及ぼすような何らかの健康問題につながってしまうというわけです。

いずれにせよ、まずここで知っておいていただきたいのは、タンパク質・生体膜・遺伝子という要素が三位一体となることで生命が成り立っているという事実です。

今、この瞬間から遺伝子は変えられる

さて、これら3つの要素のうち「遺伝子」に関することについては、一般に「どうしようもない」もので「変えることはできない」と思われがちではないかと思います。しかし実際には「いくらでも変えられる」上に「むしろ毎日変化している」のです。

前述のように、遺伝子は設計図にたとえられます。どのようにすれば「人間用タンパク質」を正しくつくることができるかという情報が書かれているわけです。けれども、すでに書き記された設計図の全てが利用されているわけではなく、中には封印されたままになっているものもあります。具体的には、フタが閉じていたり、ヒモで縛られたりしているような感じです。

設計図の内容そのものを書き換えたりすることはできませんが、フタが閉じられた部分を開いたり、ヒモで縛られた箇所をほどいたりして、設計図をフル活用することは可能です。しかもこれは、生まれ持ったままではなく生まれた後からでも、そして小さな子どもだけでなく老若男女誰もが可能なことなのです。

これが、エピジェネティクスという、近年になって注目されている新しい遺伝学の考え方で

す。そして、私たちの体に存在する全設計図（ゲノム）のうち、どの設計図を使うか使わないかを生まれた後に（後天的に）決定づけるスイッチの要素のことをエピゲノムといいます。なお、これらの言葉を覚える必要はありません。雰囲気やニュアンスさえつかんでいただければ十分です。

私がここでお伝えしたいのは、こうした遺伝子のスイッチを入れることこそが「超人アスリート」になるための方法だということです。

第1章の最後で、「細胞の環境を整える」という考え方について解説しました。その中で、遺伝子のスイッチに関する話が出てきたのを覚えていらっしゃるでしょうか？　ここで該当部分をもう一度お伝えしておきます。

《「環境」とは、私たちの食環境や生活環境といったマクロ目線の環境と、ひとつひとつの細胞の周囲や細胞の内側の環境、すなわちミクロ目線の環境の両方を意味します。そしていずれの環境も、遺伝子レベルで細胞の機能を大きく左右します。一般に、遺伝的要因は生涯変わることはないと思われていますが、実際には、遺伝子は日夜変化し続けていて、特定のスイッチがOFFになったまま人生を過ごすか、どんどんONに切り替わって潜在的な生命力が開花していくかは、こうしたマクロとミクロの環境のよしあしにかかっているのです》

要するに、遺伝子のスイッチを入れるために、細胞の環境を整えるのです。細胞ひとつひとつが多くのポテンシャルを秘めていて、遺伝子のスイッチを入れてそれをいかんなく発揮すれば、誰でも「超人アスリート」になることができるのです。
今、この瞬間から遺伝子は変えられます。決して大げさな話ではありません。

さまざまな「環境」が遺伝子を変えていく

近年、再生医療の分野で期待が寄せられているiPS細胞は、人工的につくり出された万能細胞であり、初期の受精卵が持っている胚性幹細胞（ES細胞）と同じように、遺伝子のスイッチが全てリセットされた状態です。だからこそ、特定のスイッチをONにしたりOFFにしたりすることで、どんな種類の細胞にも変身できるというわけです。

しかしiPS細胞に頼らなくても、ES細胞でなくても、私たちの体を構成する何十億個もの細胞たちは、後からいくらでもスイッチのON／OFFを切り替えることができます。その要素となるのが毎日の食習慣や生活習慣なのです。

皆さんはひょっとすると、「そんなことくらいで遺伝子が変わるわけがない」と思われるかもしれません。しかし、本当に変わるのです。実際に日夜変わっているのです。

例えば第6章で、「断食によって脳が若返る」という話をお伝えしましたが、実はこれも遺伝子の変化によるものです。具体的には、断食で増加したケトン体が記憶にかかわる遺伝子のスイッチをONにすることで、認知機能を改善することが分かっています。第5章で登場した、食物繊維由来の短鎖脂肪酸という物質も、遺伝子のスイッチにダイレクトに作用することでさまざまなメリットをもたらしているのです。

また、妊娠中のマウスに特定のビタミンB群（葉酸やB12など）を補給するかしないかという違いだけで、生まれてきた子マウスが全く異なる体質になるというアメリカの研究結果も非常に示唆的です。

遺伝的に体毛が黄色く肥満体になってしまう種類の妊娠中のマウスに、通常の餌もしくは葉酸やB12などを強化した餌のいずれかを与えたところ、通常の餌では母親マウスと同じように黄色い体毛で肥満体の子マウスが生まれてきました。これに対し、葉酸やB12などを与えられた母親マウスの子どもでは、もともとの遺伝的素質が受け継がれず、体毛は褐色で体形もすっきりしており、しかも糖尿病やがんにもかかりにくいという体質まで兼ね備えていたのです。ちなみに葉酸やビタミンB12は、遺伝子のスイッチに非常に重要な栄養素の代表格です。

アメリカの別の研究では、「育ってきた環境」さえも遺伝子のスイッチに影響を及ぼすことを報告しています。この研究では、気性が穏やかな種類のミツバチ（温厚ミツバチ）と集団で人を襲うこともある獰猛な種類のミツバチ（凶暴ミツバチ）を使って、それぞれの幼虫を孵化1日目でお互いのミツバチの巣に移し、どのように育つかを調査しました。

すると、別の種類の幼虫でも攻撃を受けず、それぞれの巣で受け入れられ、同じ種類の幼虫と同じように育てられたのです。さらに驚くべきは、凶暴ミツバチの巣で育てられた温厚ミツバチの幼虫は攻撃的なハチになり、逆に温厚ミツバチに育てられた凶暴ミツバチの幼虫は、育ての親と同じように穏やかなハチへと成長したのです。

この理由をさらに調査したところ、ハチの性格を変えていたのは「凶暴化フェロモン」であることが分かりました。このフェロモンが漂う環境のせいで、凶暴ミツバチの巣で育てられた温厚ミツバチの幼虫は遺伝子のスイッチが切り替わり、獰猛な性格になってしまったというわけです。

人間の双子（一卵性双生児）は、基本的には全く同じ遺伝情報を持って生まれてきますが、外見や体質、性格などが生涯にわたって全く同じままというわけではありません。これも、成長のプロセスで双子それぞれが直面する環境が異なり、遺伝子のスイッチの入り方が違ってくるからです。マウス、ミツバチ、人間のいずれの例も、「環境が遺伝子を変える」こと、「遺伝は運命などではない」ことを、如実に物語っています。

遺伝子のスイッチを入れる究極のメソッド

図23は、遺伝子のスイッチを入れるための究極のメソッドです。これら9つのメソッドは、私の提唱する「細胞環境デザイン学」の根幹でもあります。
前述のように、遺伝子のスイッチを入れるためのメソッドは、「アスリート飯」や断食といった「食」にかかわる要素だけにとどまりません。あらゆる生活環境が細胞の環境にも影響し、ひいてはよくも悪くも遺伝子を変化させうるのだということです。

図23　遺伝子のスイッチを入れる究極のメソッド

【栄養】…質の高い食事やサプリメントをとる
【運動】…日常的に体に負荷を与える
【水】…よい水を飲み、自然の水辺に親しむ
【光】…早朝の日光（青色光）を浴びる
【音】…レコード音楽や自然の音に親しむ
【空気・呼吸】…新鮮な空気を吸う、深呼吸する
【休息・睡眠】…量よりも質の高さを心がける
【脳・マインド】…瞑想や座禅で精神を安定させる
【少食・断食】…細胞に修復や治癒の時間を与える

つまり、究極のメソッドを忠実に実践すればするほど、その効果は単なる足し算ではなく何倍にもなり、遺伝子のスイッチがどんどん入っていき、皆さんのポテンシャルが次々に発揮されます。反対に、間違った食事やサプリメント、体への不適切な負荷、質の悪い水、人工光、騒音や電子音、汚れた空気や浅い呼吸、質の低い休息や睡眠、心の不安定、そして過食といった要素は、ことごとく遺伝子のスイッチをＯＦＦにし、生命力の低下をもたらすことになります。両者の差は明白です。

皆さんは、暦年齢（クロノロジカル・エイジ）と生物学的年齢（バイオロジカル・エイジ）をご存じでしょうか。前者は、歳月と共に誰もが同じように重ねる年齢で、後者は細胞そのものの年齢を意味します。生物学的年齢は、日々の過ごし方（生き方）によって大きく変化し、暦年齢と必ずしも一致するわけではありません。現に、暦年齢よりも若く見える人は生物学

的年齢が若く、老けて見える人は実際に細胞の老化が進んでいることが、近年の研究でも証明されているくらいです。

いかにも年老いてみえるヨボヨボの動物など、自然界にはいません。野生動物が「老化しない」のは、究極のメソッドにも通じるような自然的生活を送っているからです。日々の暮らしのあらゆる要素が遺伝子のスイッチとなり、生命力が高まって、生物学的年齢を若く保っているからです。自然は私たち人間に対し、とても重要なメッセージを伝えてくれています。

皆さんも9つのメソッドを駆使して、ぜひとも「超人アスリート」を目指してください。繰り返しますが、遺伝子はいくらでも変えられます。どのメソッドをどれだけ熱心に取り組むか、アスリートとしてのポテンシャルがどれだけ開花するかは、全て皆さん次第です。

ちなみにこれは、アスリートに限った話ではありません。これらのメソッドを通じて、一般の人も「超人」になれるのです。いわば、無数に並んだ小さな電球のスイッチが、皆さんの一挙一動、一挙手一投足に応じて、点灯したり（ONになったり）消灯したり（OFFになったり）するようなものです。このプロセスは、毎日の食習慣や生活習慣によって大きく左右されます。そして、これらは全て、いくらでも変えることのできる要素なのです。

例えば、メスナーや滝行の話で登場した「寒冷」という要素も、遺伝子のスイッチをONにする因子です。江戸時代の儒学者・貝原益軒は『和俗童子訓』という教育書の中で、「寒」（寒さに耐えさせること）と「粗食」（贅沢な食事を与えないこと）が子育てのコツであると説いています。近年では、子どもたちが冬でも裸や薄着で過ごすという保育園や幼稚園が全国的に増えてきているようです。また、北欧の国々でも、赤ちゃんをベビーカーに乗せたまま真冬でも屋外に置いて寝かせておくという「寒ざらし」の風習があります。それぞれ、こうすることが子どもの成長によいという考え方によるものです。いずれも、体内で熱を生み出す遺伝子のスイッチをONにして生命力を高める、素晴らしいメソッドです。

つまり、「遺伝だから仕方がない」と思っていた心身の健康問題も、遺伝子のスイッチを入れることで改善・解決できる可能性がありますし、「ウチは長生き家系で健康だけが取り柄だ」と思っていても、いつの間にか遺伝子のスイッチが切れてしまい、それに気づかないまま思わぬトラブルに見舞われる恐れさえあるのです。これは、一般の方もアスリートの方も同じです。

お気づきの通り、**図23**で示したメソッドはどれも私たちの日常生活そのものであり、極端に特別な環境を必要とするようなものではありません。けれども、そういった存在であるからこそ、日常の中で見過ごしていたり、軽視してしまっていたりするのではないかと思います。

逆に言えば、私たちの生活環境のあらゆる要素にこうしたパワーが秘められているということです。そして、先ほども述べたように、それらを活用するかしないかは皆さん自身にかかっています。

もう一度だけ言っておきます。遺伝子は、今、この瞬間から、いくらでも変えられるのです。誰でも「超人アスリート」になれるのです！

第8章

コンディショニングに役立つその他のノウハウ

アスリートがサプリメントを利用すべき多くの理由

この章では本書の締めくくりとして、主に食と栄養の観点から、アスリートの皆さんに役立つようなコンディショニングのポイントをまとめて紹介しておきたいと思います。その大前提として知っておいていただきたいのが「サプリメントの重要性」です。

どんな食べ物を食べるか（what food to eat）と同時に、どんなサプリメントをとるか（what supplement to take）というのは、特にアスリートには大きなテーマとなります。むしろ、アスリートのコンディショニングはサプリメント抜きには語れません。その主な理由を挙げておきましょう。

まず、ミネラルやビタミンが食べ物から失われていることです。第4章でもお伝えしたように、農薬や化学肥料の多用、旬を無視した促成栽培などのせいで、農作物からはかつてのような栄養素を得ることができなくなっています。それは**図24**を見れば一目瞭然です。いわばトマトはトマトのような顔をしているだけ、ホウレンソウはホウレンソウの姿かたちをしているだけといった感じで、中身は全く違っており、栄養素の含有量がことごとく激減しているのです。

次に、アスリートは一般の人に比べてミネラルやビタミンの要求量が多いことです。食事量や活動量が増えれば増えるほど、食べたものを体内で利用したりエネルギーをつくり出したりするのに不可欠なミネラルやビタミンの必要量も増えます。それにもかかわらず、食事から十分に得られないというのはまさに致命的です。

図 24　農作物における栄養素の減少（可食部 100g あたり）

品名	栄養素	1951 年	2002 年	減少率
ミカン	ビタミンC	2,000mg	32mg	約 94%
ホウレンソウ	ビタミンA	8,000μg	700μg	約 91%
	ビタミンC	150mg	35mg	約 77%
	鉄	13mg	2mg	約 85%
人参	ビタミンA	13,500μg	1400μg	約 90%
	ビタミンC	10mg	4mg	約 60%
トマト	ビタミンA	400μg	90μg	約 88%

ビタミンＡは、レチノール（ビタミンＡの一種）の活性当量を示す。
科学技術庁「食品成分分析調査」を参考に作成

また、良質な少食を続けていれば、これらはそれほど大きな問題にはなりませんが、質の低い食事を多食すればするほど、ミネラルやビタミンの欠乏が深刻になっていきます。アスリートは総じて一般の人よりも食事量が多いでしょうから、白米のどんぶり飯を何杯も食べていたり、逆に極端な糖質制限を続けていたりすると、いつの間にかこうした栄養素が欠乏し、コンディショニングやパフォーマンスにじわじわと悪影響を及ぼすことになります。

「生命の鎖」を強靭に保つためのサプリメント

ここでキーワードとなるのが「生命の鎖」です（図25）。20世紀を代表するアメリカの生化学者、ロジャー・ウィリアムズ博士が提唱した理論で、必須栄養素同士の関係性を鎖にたとえたものです。

細胞ひとつひとつの生命活動を維持していくためには、20種類のミネラルと20種類のビタミン、8種類の

図 25　生命の鎖（イメージ）

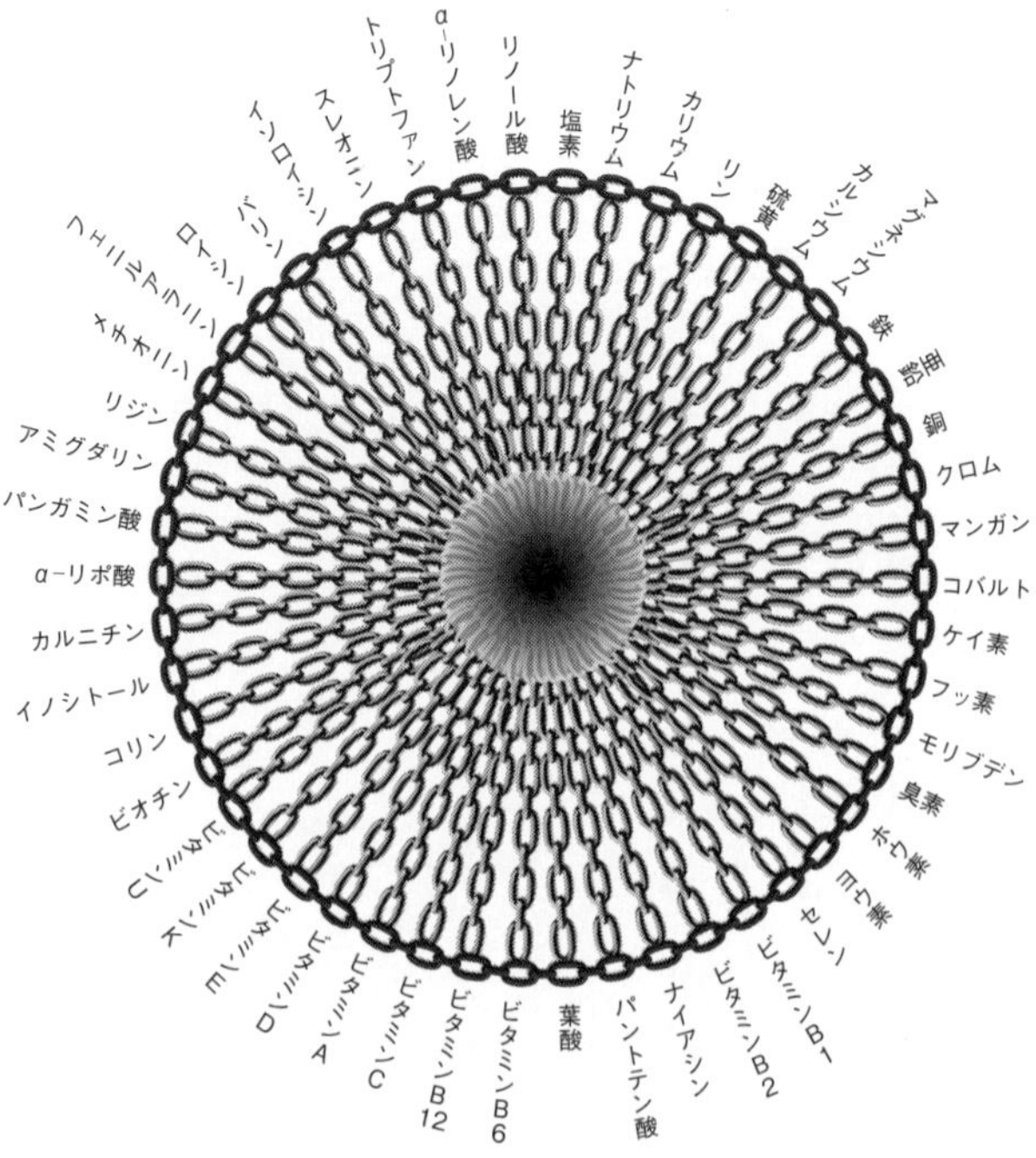

生命の鎖の強さ、つまり健康のレベルは、体に不可欠な栄養素がどれも適切にとられていなければ高い水準には維持できない。これらの栄養素のそれぞれは、“個人プレー”をしているのではなく、全体の鎖のひとつひとつの輪となることで“チームプレー”を行っている。

アミノ酸、そして2種類の脂肪酸が全て揃ったうえで、お互いに協調しながら血液中に存在しなければなりません。これらの栄養素は、いずれも体内でつくり出すことができず、必ず食べ物から得なければならない必須栄養素です。

必須栄養素は「生命の鎖」を形づくる1個1個の小さな輪であり、その輪の中で1箇所でも弱い部分があれば、生命の鎖はいとも簡単に切れてしまいます。つまり、たったひとつの必須栄養素が不足したり役目を果たさなかったりするだけでも、全身の細胞は正しく機能しなくなることを意味するわけです。

ひとつの細胞が行っていること（生命活動）は、非常に複雑で緻密なものです。私たち人間が同じことを再現しようとしても到底不可能です。

例えば、立派な化学者が何らかの物質を人工的につくろうとした場合でも、せいぜい1回に1種類が限度です。しかも、そのために研究室の温度や湿度を調整し、さまざまな実験道具も用意する必要があります。さらに、物質の原材料の量や反応させるタイミングなどもあれこれ模索しつつ、ときにはうまくいかずに失敗も重ねながら、全ての条件がぴったり合わさったときにようやくでき上がる……というのが一般的な光景です。

しかし、細胞は違います。化学者のように四苦八苦することなく、千分の1㎜というミクロの世界で研究室（細胞内小器官）のコンディションを絶妙にコントロールし、必要な実験道具（酵素）を自在に操り、調達した原材料をもとに、1種類どころか何千種類もの物質を、同時進行で素早く正確につくり出します。しかもそれを、いとも簡単に連続して行っているのです。

少し難しかったかもしれませんが、とにかく細胞はすごいのです。だからこそ、私たち人間が行えるのは、そんな細胞たちに敬意を払い、ただひたすら彼らの環境を整えることだけです。ここでは、細胞の生命活動に不可欠なミネラルやビタミンなどの栄養素をしっかり補給すること――生命の鎖を形づくること――が、それに該当します。そして、後は細胞たちに任せておけば、彼らは全て首尾よく働いてくれるのです。

とはいえ、どの栄養素がどのくらい足りていないかなど、なかなか知る方法がありません。しかしこのとき、例えば総合ミネラルビタミンのサプリメントを柱にしてさえいれば、少なくとも、足りないミネラルやビタミンを確実に補給することができます。要するに、生命の鎖を強靭に保つことができるわけです。

目的に応じて「天然の合法ドーピング」を活用しよう

その一方で、市販されているサプリメントは総じて質が低いことを指摘しておかなければなりません。だからこそ、「サプリメントは効かない」「とっても意味がない」「むしろ健康を害する」などと、ひとくくりにされてしまうのです。

そもそも、ミネラルといえばカルシウムや鉄、ビタミンといえばビタミンCくらいしか認識されていないことが問題です。しかも、アスリートに食や栄養を指導する立場の人でさえ、この程度の認識にとどまっていたり、ミネラルやビタミン各々の基本的な働きなどを知っていなかったりさえします。要は、知識がないまま質の低いサプリメントを利用するから「効かない」のです。

これとは対照的に、質の高いサプリメントは「天然の合法ドーピング」であり、適切に利用することで、アスリートのコンディショニングやパフォーマンスを多方面からサポートしてくれます。総じて、原材料にこだわった高ポテンシャルのもの（栄養素の含有量が多いもの）を選ぶようにすれば、生命の鎖が格段にパワーアップするはずです。

抗酸化対策やストレス対策、炎症やケガの予防や改善、疲労回復、集中力アップなど、トップアスリートからスポーツ愛好家の方まで共通して、優れたサプリメントの活用が大いに役立ちます。

これらはいずれも、日々のコンディショニングにおいては基本中の基本であり、何もせずにいると確実にケガや故障を招くことになります。総合ミネラルビタミンを柱としつつ、目的に応じたサプリメントを食事と共に活用することの重要性を、皆さんのコンディショニングのベースとして、常に認識しておいていただければと思います。

続いてここからは、これらのことをふまえた上で、コンディショニングに役立つその他のノウハウについて、いくつかお伝えしていくことにしましょう。

オーバートレーニング症候群の予防と対策

熱心にトレーニングを続けるうちに疲労が蓄積し、さまざまな体調不良に見舞われるのがオーバートレーニング症候群の特徴であり、気力や集中力の低下もみられます。本人が気づかないうちにオーバートレーニングの状態になっているケースが大半のようで、症状の現れ方には個人差があるほか、放っておくとケガや故障につながる恐れもあります。

トレーニングや試合本番を通じてアスリートが受けるストレスは、非常に強いものです。精神的または肉体的な刺激が加わると、体はどちらも同じストレスとして受け取り、体内ではストレスに対抗するためのホルモンが副腎という臓器から盛んに分泌され、心臓の機能を増強したり肝臓に蓄えられたグリコーゲンをどんどんエネルギーに変換させたりすることなどで、ストレスに対して体を順応させる働きを担っています。しかし刺激が過度になると、これらのホルモン分泌の調節が乱れてストレスに対応できなくなり、心身にトラブルが生じる要因となります。第7章でお伝えした「ストレスの合わせ技」の有効活用にも、準備が不可欠です。

副腎にはパントテン酸（ビタミンB群の一種）やビタミンCが豊富に存在し、ストレス対応ホルモンの生成にかかわっています。またマグネシウムも副腎の機能に重要な役割を果たしています。ストレス状態が続くとこれらのビタミンやミネラルが欠乏し、副腎でホルモンをつくることができなくなり、ストレスにうまく対応できなくなります。加えて、ストレスによって心拍数が上がるのはストレス対応ホルモンによる反応ですが、このときにもかなりの量のマグネシウムが消耗されることが知られています。

また、オーバートレーニング症候群の症状に共通する大きな要因のひとつとして「エネルギー不足」が挙げられます。全身の細胞でエネルギーをつくり出すためには、マグネシウムや亜鉛、マンガンといったミネラルや、各種ビタミンB群、ビタミンCなどが必要です。さらに、BCAA（分岐鎖アミノ酸）やタウリンなども、オーバートレーニング症候群の改善に効果があるといわれています。

オーバートレーニング症候群では食欲低下がみられるケースも多いため、このせいでエネルギー源が得られないばかりか、こうしたミネラルやビタミン、アミノ酸なども不足し、結果として悪循環を生じる恐れがあります。予防目的はもちろんのこと、十分に食べることができないときこそ、良質なサプリメントなどの力も借りて、エネルギーの生産効率やストレスへの対応力を高める必要があるといえるでしょう。

病院のお世話になったときのひと工夫

アスリートの皆さんは、絶えずケガや故障といったスポーツ障害の危険にさらされているといえます。何らかのアクシデントに見舞われた場合は、投薬や検査、手術などがどうしても必要になることがありますが、残念ながらその多くは、皆さんの心身に余計な負担をかけてしまうのも事実です。とはいえ、やむを得ず病院のお世話になる場合であっても、自主的にできる負担軽減策があります。

例えば、いわゆる「痛み止め」（消炎鎮痛薬）には大きく分けてステロイド系（SAID）と非ステロイド系（NSAID）の2種類がありますが、それぞれにリスクを伴います。

SAIDはドーピングの規制対象となるため、トップアスリートにはあまり処方されないかもしれません（ちなみに、禁止薬物の「筋肉増強剤」としてのステロイドとは別のものです）。しかし一般的には広く利用されていて、先ほども登場した、副腎でつくられるストレス対応ホルモンと同じ物質であることから、長期的に使用すると副腎の機能が低下し、心身のストレスにうまく適応できなくなるなどのデメリットがあります。この場合は、マグネシウムやビタミンB群（特にパントテン酸）、ビタミンCなどをいつもより意識してとるようにすることで、副腎への悪影響を緩和できます。

また、SAIDを用いると免疫抑制作用のほか、ケガの治りが遅くなったり、消化器潰瘍が発生したりする恐れがあります。マグネシウムや亜鉛、β-カロテン、ビタミンB群（特にビタミンB6）、ビタミンCなどは、免疫力の低下を防いだり組織の修復を助けたりする効果が期待できます。

一方のNSAIDはドーピングの規制対象ではないものの、第5章でもご紹介したように、やはり副作用の弊害は免れられません。SAIDと同じような胃腸のトラブルのほか、腎機能低下などもみられるため、やはりこれらの栄養素などを補給するとよいでしょう。ビタミンE

やオメガ3も大いに役立ちます。

アスリートがケガをしたときや大きな手術を受けた際には、細菌感染の予防を目的に、さまざまな抗生物質も頻繁に処方されます。抗生物質は腸内フローラにダメージをもたらしてしまうのが最大の問題であり、主に第5章でご紹介した、高MAC食による多種多様な効果も得られなくなってしまいます。プロバイオティクス（有益な微生物群）やプレバイオティクス（微生物群の餌となる物質）を補給して、腸内フローラへの悪影響をできる限り最小限にすることが重要なポイントとなります。

さらに、レントゲンやCT、MRIなどの検査をはじめ、病院で行われることの大半は、皆さんの体内で余計な活性酸素を大量に生み出してしまいます。アスリートはただでさえ、トレーニングや試合本番を通じて活性酸素が発生しやすい日々を送っているため、そこへこうした検査や治療などを受けると、さらに酸化ダメージが増えてしまうことになります。これを防ぐには、亜鉛やセレン、β-カロテン、ビタミンC、ビタミンEなど、体のサビを防いでくれる栄養素を補給しましょう。

実際、体重1kgあたり35㎎のビタミンCを摂取しておけば放射線障害を防げることがイギリスの研究で示されているほか、京都大学の研究では、タウリンの摂取で放射線被ばく後の白血球減少が抑制されることも報告されています。

「アスリート飯」には、酸化ダメージを防ぐミネラルやビタミン以外にも、強力な抗酸化作用を持つ数々のファイトケミカルが豊富に含まれています。そして優れた食事と共に、質の高いサプリメントも活用してください。

こうした栄養素の補給は、病院のお世話になることがすでに分かっている場合はその前から実践し、その後も継続していくようにするとよいでしょう。心身への負担の軽減だけでなく、ケガや故障からの回復を早めることにも役立ちます。

スポーツ貧血の対策は「鉄の補給」にあらず

第3章でも少しふれたスポーツ貧血。赤血球は酸素を運搬するという重要な役割を担っていますが、その赤血球が壊れてしまうことを「溶血」と呼び、これによって生じる貧血を「溶血性貧血」といいます。

スポーツ時の溶血は、足を踏み込むときに足の裏の血管が衝撃を受けたり、急激な筋肉の伸縮で赤血球が血管壁とこすれたりすることで生じるといわれています。短時間の運動で起こるものではありませんが、マラソンやサッカー、バスケットボール、バレーボール、剣道などの競技に多いことが知られています。

さて、貧血といえば鉄欠乏というのが世間の常識のようになっていますが、陸上選手を対象に行われた研究では、「亜鉛」の欠乏によっても貧血になることが確かめられています。赤血球は白血球と共に、骨の内部（骨髄）で血球のもとになる共通の細胞（造血幹細胞）から枝分かれしながらつくられます。亜鉛が不足するとこの仕組みが十分に機能せず、赤血球への枝分かれが進まなくなります。何とか赤血球がつくられたとしても細胞膜（赤血球膜）が不完全で軟弱になり、やはり溶血につながってしまいます。

また、骨髄でつくられた赤血球が「完成品」になるのに重要な栄養素がビタミンB12と葉酸です。両者が揃うことによって初めて赤血球が成熟するため、これらが欠乏すると赤血球がうまくつくられず、形が歪んだり異常に大きくなったり、本来の機能を持たなかったりする事態に陥ります。赤血球をつくるにはこうしたビタミンB群も欠かせないことがよく分かります。

さらに、他の細胞と同じように、赤血球の生体膜も「油」（脂肪酸）が主要な構成成分となっています。赤血球は、脳や粘膜、血管、胎盤などの細胞と共に、他の部位の細胞に比べて生体膜中にオメガ3を特に多く必要とします。赤血球の直径は毛細血管の内径より大きいため、スムーズに通過するには赤血球が適切に折れ曲がる必要があるからです。つまり、油のとり方が適切でないと、赤血球膜の柔軟性が足りずに溶血を起こしやすくなったり、赤血球が毛細血管をうまく通過できず全身に血液が行き渡りにくくなったりすることが考えられます。

「アスリート飯」や良質なサプリメントを通じて、これらの栄養素をしっかりとるようにしてください。

スポーツビジョンを支えるための栄養素

スポーツに必要な視力や目の機能（スポーツビジョン）の向上には、最新の技術を駆使したさまざまなトレーニングが導入されていますが、トレーニングの効果を最大限に発揮するには、目そのものを構成する細胞の環境を整える必要があります。現役時代の落合博満さんがミネラルファスティングで動体視力を回復させたのも、まさにその代表例です。ここでは、スポーツビジョンに役立つ主な栄養素についても挙げておきましょう。

目のフィルム役である網膜には、主に明暗を区別する細胞と、明るさと色彩を識別する細胞があります。光の加減で明るさに対応する際には、ビタミンAとタンパク質が結合した物質（ロドプシン）が中心となって働きます。この物質はわずかな光にも敏感に反応して分解され、その刺激を情報として脳へ伝えた後、再び合成されます。

例えば、暗闇でも次第に目が慣れてくるのは、この物質の分解と合成が適切に繰り返されるおかげであり、これには十分なビタミンAが必要となります。ちなみに、目によいことで有名な紫色の色素のアントシアニンは、この物質の再合成を促進する働きが確認されているのです。

緑黄色野菜に豊富なβ-カロテンは腸や肝臓でビタミンAとなり、肝臓に貯蔵されます。ビタミンAは、特に動体視力のトレーニング効果を高めるともいわれています。また、目で見た情報の鮮明度合い（解像度）が最も高くなるのが網膜の黄斑という部位で、黄斑の高解像度の維持に不可欠な栄養素が、やはり緑黄色野菜に豊富な黄色い色素成分のルテインやゼアキサンチンです。

網膜には亜鉛も必要です。私たち人間の体内で亜鉛濃度が最も高いのが網膜であることが、その重要性を物語っています。亜鉛は、網膜の細胞がビタミンAを利用するのを促進する働きがあります。

さらに、目から得た情報を網膜から視神経、そして脳へと伝達する上ではさまざまな栄養素の存在が欠かせません。中でもタウリンは、網膜中に多く含まれる重要な栄養素のひとつです。外部からの光や色の刺激を感知して網膜の細胞が興奮し、その興奮状態を脳に伝達した結果が「視覚」であるわけですが、タウリンは網膜細胞が過剰に興奮しないようにコントロールすることによって、網膜を保護していると考えられています。

そしてオメガ3のDHAも忘れてはいけません。DHAといえば脳に不可欠な栄養素として有名ですが、これは、DHAが脳の細胞膜の柔軟性を高めることで、細胞間の情報のやりとりがスムーズに行われるからです。このことは目（網膜）でも同じであり、DHAが多いと網膜の細胞膜が柔軟になり、光や色の情報伝達がスムーズになるのです。

光は目でものを認識するのに不可欠な存在である反面、光が強すぎると目にダメージを与えてしまうというマイナス面を持っています。そのため、ビタミンCやEをはじめとする抗酸化栄養素を十分に摂取し、目の組織の健康状態を維持することも大切です。

歯を守るためにも避けたいスポーツ飲料やゼリー飲料

アスリートの水分補給や栄養補給といえば、スポーツ飲料やゼリー飲料をとるのが半ば当然のようになっていますが、これらの是非について、「歯の健康」という観点から考えてみることにしましょう。

イギリスの研究では、自転車競技や競泳、ラグビー、サッカー、ホッケー、陸上競技など、さまざまな競技のトップアスリート約350名を対象に歯科検診を行ったところ、約半数に未治療の虫歯が見つかったほか、彼らの大半が歯周病の初期症状を示していました。また、約3割のアスリートは、こうした口の中のトラブルがトレーニングやパフォーマンスに悪影響を及ぼしていると自覚していました。

ちなみに彼らは、歯磨きやデンタルフロスなどのケアを一般の人よりも入念に行っていたことも分かっています。それにもかかわらず、口の中のトラブルが多かったわけです。

さらに聞き取り調査を行った結果、その理由が判明しました。彼らの9割近くがスポーツ飲料、7割がゼリー飲料、6割がエネルギーバーを、それぞれ常用していたのです。これらに含まれる糖分が虫歯を誘発していただけでなく、清涼感を出すための酸味料などのせいで歯が溶けてしまう「酸蝕歯」が発生していたと考えられます。

酸性が強い（pHが低い）食品としては、レモンやオレンジ、グレープフルーツといった柑橘系の果物、果物ジュースや野菜ジュース、果実酒、それにお酢などが挙げられます（図26）。

図 26　身近な飲み物の pH の比較

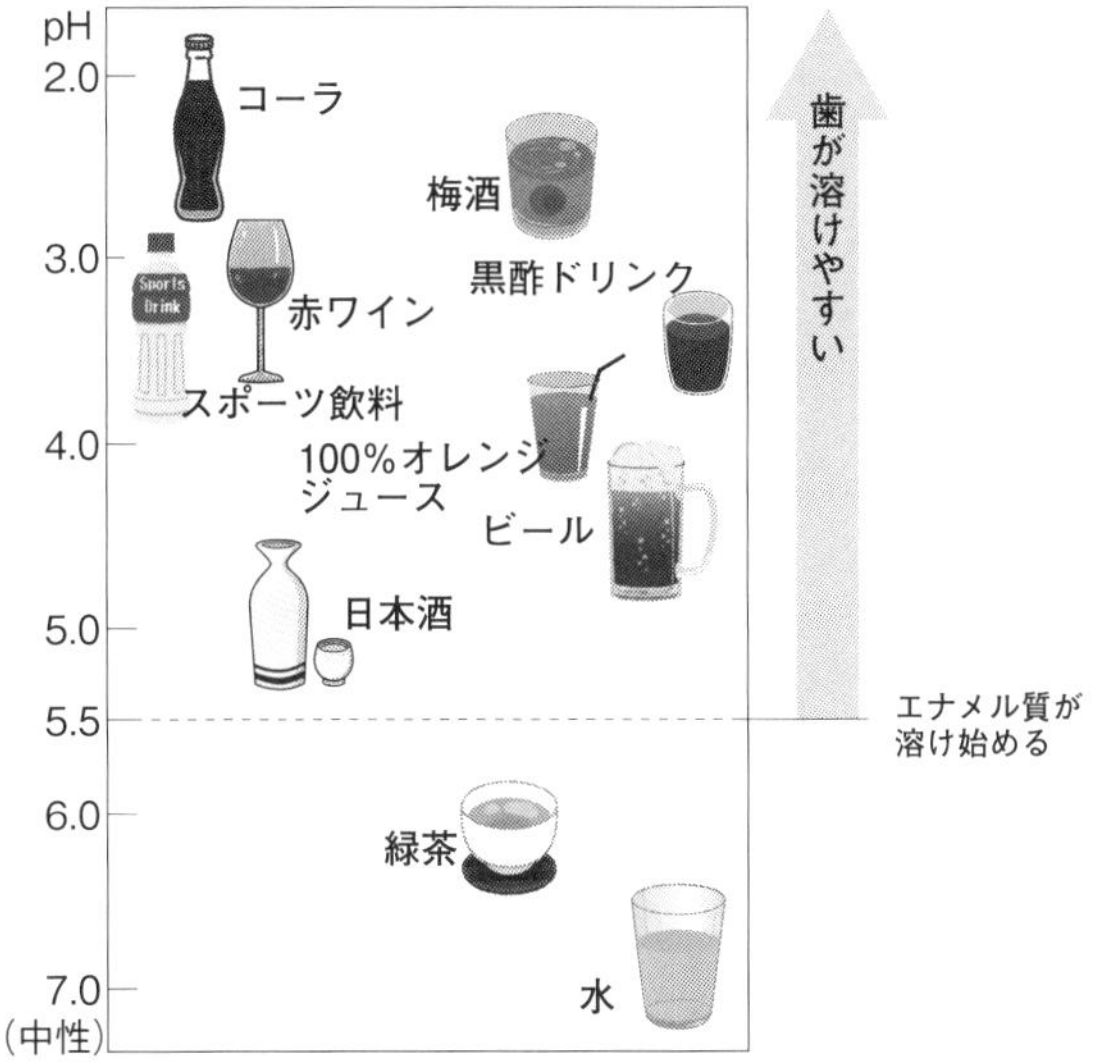

いわゆる「すっぱいもの」ばかりです。これらの食べ物や飲み物は、適量であればそれほど気にする必要はありません。しかし、スポーツ飲料やゼリー飲料は、それほど「すっぱい」と感じないにもかかわらず酸性が強いのが曲者です。

実際、これらの多飲やダラダラ飲みで無自覚のうちに重度の酸蝕歯になってしまう人（特に若い人や小さな子ども）が、非常に数多くみられます。水分補給や熱中症予防と称してスポーツ飲料を積極的に飲んだり、就寝前や運動後にお酢を飲むのが習慣になっていたりする一般の中高年層にも、酸蝕歯は増加しています。

本来であれば、酸性の強い食品によって歯のエナメル質が一時的に溶け出したとしても、唾液に含まれる成分が再石灰化を促してくれます。また私たちは、食事をするたびに歯の脱灰と再石灰化を繰り返していま す。ところがアスリートの場合、トレーニング中や競技中にこれらを繰り返し摂取するうえに、 トレーニング中や競技中は口の中が乾燥しやすい（唾液による再石灰化が促進されにくい）という傾向があります。つまり、これらの因子が相乗的に酸蝕歯や歯周病のリスクを高めることになるのです。

結論を述べると、アスリートの水分補給は「水」が最適です。味をつける必要はありません し、他の栄養素は「アスリート飯」やサプリメントなどから得ればよいわけです。わざわざ甘いものをとらなくてもエネルギー源は補給できますし、エネルギーをつくるためにはミネラルやビタミンも絶対不可欠です。スポーツ飲料やゼリー飲料に限らず、甘味や酸味のあるものがどうしても飲みたい場合でもダラダラ飲みはやめて、常に「水」を基本にしましょう。

「暑熱順化」と「本物の塩」で熱中症を防ごう

近年では、運動部でクラブ活動中の高校生がなんと熱中症で亡くなってしまうという、あまりに悲しいケースが相次いでいます。「熱中症といえば高齢者がなるもの」という従来のイメージからは、到底考えられないような事態です。現に、10代の子どもや若い世代が熱中症で病院に搬送されるケースも、最近になって急増しているのです。

炎天下の屋外や閉め切った室内でトレーニングや試合を行うなど、アスリートは一般の人以上に熱中症のリスクが高いといえます。パフォーマンスの低下はもちろんのこと、最悪の場合は死に至る非常に恐ろしいものです。とはいえ、コンディショニングが適切であれば、熱中症は確実に防ぐことができます。そのポイントは「暑熱順化」と「本物の塩」です。

暑熱順化とは、要するに「暑さに慣れること」です。具体的には普段の生活でエアコン（冷房）を効かせすぎないようにするのが大きなポイントとなります。世間では「エアコンを上手に使って熱中症を予防しよう」などと言われますが、この「上手に」というのは曲者で、エアコンに頼りすぎていると、むしろ熱中症になりやすくなります。

私たちの体は、暑いときには皮膚の血流量を増やしたり汗をかいたりすることで熱を発散し、体温を下げようとします。また、発汗によって排出されたミネラルが皮膚から再び吸収される働きも高まります。これらが本来の暑熱順化です。ところが、冷房が効いた環境で暑さを避ける生活を続けていると、暑熱順化が起こらずにこうした働きが低下してしまうため、体温が下がりにくくなり、熱中症を招くというわけです。

実際、第4章や第6章で登場した横綱・白鵬関は夏の暑さが非常に苦手で、エアコンの設定温度を極端に下げたり冷たい飲み物を頻繁に飲んだりして、何とかしのいでいました。しかしこれではコンディショニングに悪影響を及ぼすため、冷房に過度に頼らないようにすることと、暑いときほど温かいものを飲むようにすることなどを伝えました。その結果、彼は苦手だった暑さを克服し、２０１５年の夏場所で自身の持つ歴代最多優勝を見事に更新してみせたのです。

もうひとつの「本物の塩」については、普段の食事と水分補給の両方に反映するとよいでしょう。市販されている安価な塩や、市販の加工食品に使われている塩の大半が精製塩（食塩）で、99％が塩化ナトリウムでできた「偽物の塩」です。一方で、海水を乾燥させるだけなどのシンプルな製法でつくられた塩（粗塩）は、塩化ナトリウムの割合が8割前後で、残りの2割にはマグネシウムやカリウムなど、さまざまな種類のミネラルが含まれています。これこそが「本物の塩」です。

精製塩と粗塩では全く異なります。それはいわば白米と玄米のように「全く別の食べ物」であり、前者は「人を殺す塩」、後者は「人を生かす塩」といっても過言ではありません。

体の中の水分（体液）は、生命が誕生した原始の海水がもとになっているため、それに最も近い海水の成分をそのまま利用するのが、全身の細胞の環境を整えるうえで大いに役立つと考えられます。そのためには、普段の食生活でも「本物の塩」を使って調理・調味し、さまざまなミネラルを摂取するのがよいでしょう。

また、トレーニング中や試合中の水分補給も、前述のスポーツ飲料やゼリー飲料などではなく「塩水」をおすすめします。５００㎖の水に「本物の塩」ひとつまみ（1g）程度が、ちょうどよい濃度になります。「本物の塩」は、いわばマルチミネラルのサプリメントのようなものです。塩の質にもぜひこだわってみてください。

ブームになった「サバ缶」と「サラダチキン」を徹底検証！

2018年頃から一大ブームを巻き起こした食品が「サバ缶」と「サラダチキン」です。皆さんも一度は食べたことがあるのではないでしょうか。あるいは、今も頻繁に食べているという人も多いかもしれません。ここでは、これらの食品の問題点を指摘しておきたいと思います。

結局のところは「どちらも食べないほうがいい」ということです。

まずはサバ缶です。サバのオメガ3によるダイエット効果に注目が集まったわけですが、魚を食べることに伴う海洋汚染のリスクについては、第5章でお伝えした通りです。サバは比較的小さな魚で汚染度はそれほど高くはないと思われますが、国内でとれたものであっても、海外から輸入されたものであっても、何らかの有害物質の影響を受けているのはまず間違いありません。しかも、脂の乗った時期に水揚げされたサバを使っていることが、サバ缶の宣伝文句になっています。ということは、それだけサバの身に脂溶性の有害物質も蓄積しやすくなっていることを意味するわけです。

また、缶の内側のコーティングにはビスフェノールA（BPA）などの化学物質が多用されています。たとえ「BPAフリー」（BPAを使っていない）を謳っていたとしても、決して安心できません。近年では、BPAの代わりに使われている物質も実はBPAと同じ環境ホルモンだったことが、後になってから次々と判明しているからです。

前述のように、こうした環境ホルモンも脂溶性であり、脂の乗ったサバの身やその煮汁には溶出・移行しやすいと考えられます。ちなみにこれらの問題は、ツナ缶やオイルサーディンなど、魚の缶詰全般に言えることです。どうしても魚が食べたい場合は、わざわざ缶詰を食べなくても、天然の生の小魚（イワシやアジなど）を食べればよいだけの話です。

もうひとつのサラダチキンは、「低脂肪・高タンパクで他の肉よりヘルシー」という世間一般の認識から、特にアスリートや体を鍛えている人たちの間で絶大な支持を集めています。また、やはりダイエット効果を期待して、市販のサラダチキンにそのままかじりついて食事を済ませるという若い女性も多いようです。第3章では主に肉類の問題をご紹介しましたが、「肉食を避けるべき主な理由」の多くが鶏肉にも当てはまります。ここではその中でも「過剰なリン」の問題点を指摘しておかなければなりません。

リンは必須ミネラルのひとつで、細胞の生体膜の構成要素（リン脂質）やエネルギー物質（ＡＴＰ：アデノシン三リン酸）としての役割のほか、細胞内で数々の生命活動の中核を担う、極めて重要な栄養素であることは事実です。しかし、カルシウムとのミネラルバランスが大きな鍵を握っていて、カルシウムに比べてリンが極端に多いものを食べると、リンを過剰に吸収してしまいます。その結果、血管に重大なダメージをもたらし、動脈硬化や腎機能低下を引き起こす恐れがあるのです。

肉類は総じてリンが多くカルシウムが少ない食品なのですが、実はその最たるものがサラダチキンにも使われている「鶏むね肉」や「鶏ささみ肉」なのです。ヘルシーだと思って積極的に食べていると、体内のミネラルバランスが崩れて健康を害し、コンディショニングやパフォーマンスの低下にもつながりかねません。

アスリートとしてもっと強くなりたいなら、サバ缶やサラダチキンを常食するのはやめましょう。

グルテンフリーよりもグルテンレスを目指そう

アスリートとグルテンの話といえば、第2章でも登場した男子プロテニスのノバク・ジョコビッチのエピソードが有名です。そのエピソードがまとめられた彼の著書は日本でもベストセラーになったため、皆さんもどこかで一度は見聞きしたことがあるのではないかと思います。

テニスの試合中に度重なる体調不良に見舞われていた彼は、検査を受けるとグルテンのせいではないかと診断されます。そしてグルテンフリー（グルテンを含まない食事）を実践したところ体調不良を克服し、世界の頂点に上り詰めたという話です。

グルテンは、小麦やライ麦などの麦類に含まれるタンパク質で、適切に消化されないことで心身にさまざまなトラブルをもたらすことが知られています。しかも、無自覚のうちにグルテンの悪影響を受けている人も少なくないのです。特に欧米では、炭水化物源をパンやパスタなどの小麦粉食品に依存する傾向があることから、グルテンの問題はずいぶん前から指摘されています。現に、第2章でもご紹介したように、欧州サッカー界ではクラブチーム全体でグルテンフリーに取り組むケースもみられるくらいです。

一方の日本でも、パンや麺類、パスタ、ピザ、お好み焼きなど、さまざまな小麦粉食品が根付いています。パン好き、麺好き、粉もの好きの人は、潜在的にグルテンの悪影響を受けているかもしれません。小麦粉食品をとるのをしばらくやめてみて体調の改善がみられたら、その可能性が大いにあります。

グルテンの潜在的なリスクを避けるためにも、主食の基本はやはり玄米ご飯にすべきです。コメを食べてさえいれば、それだけで100％グルテンフリーの主食となるからです。小麦粉製品は、グルテンのリスクを認識したうえで、あくまでも「アクセント」や「嗜好品」として位置付けるべきでしょう。

しかし、醤油や酢、味噌といった日本伝統の調味料にも麦類が使われているため、毎日の食事からグルテンを完全に取り除くのは現実的ではありません。こうした観点からも、グルテンフリーではなくグルテンレス（グルテンが少ない食事）を目指すのがよいでしょう。そもそも、玄米ご飯を主食とした「アスリート飯」を実践していれば、自然とグルテンレスになっているはずです。日本の食事には大きなアドバンテージがあるのです。

近年では、グルテンの健康問題のリスクはグルテンの摂取量に比例することも報告されています。こうした研究結果をふまえても、グルテンフリーではなくグルテンレスが現実的な選択肢なのではないかと思います。

なお、品種改良の進んだ現代小麦に比べて、スペルトやカムットなどの古代小麦はグルテンの含有量が非常に少ないことが知られています。最近ではこうした古代小麦もインターネットなどで入手できますので、どうしても小麦粉食品がやめられないという方は、グルテンレスの一環として試してみてはいかがでしょうか？

アルコールを飲むときに補給したい栄養素

「酒は百薬の長」という言葉がある反面、アルコールをとりすぎると心身の健康を害することは、世間一般にもよく知られている通りです。シーズン中はいっさい飲酒しないというアスリートも多いようですが、ここでは、アルコールを飲む際に役立つ代表的な栄養素をお伝えしておきましょう。

アルコールが肝臓で処理されるときには、アルコール→悪酔い物質（アセトアルデヒド）という第1段階と、悪酔い物質→酢酸（お酢の主成分）の第2段階に分けて行われています。第1段階の処理で最も重要な栄養素はミネラルの亜鉛です。亜鉛は、アルコールを処理するための酵素の材料として絶対に欠かせません。

第2段階の処理で柱となる栄養素は、ビタミンB群のひとつのナイアシンです。ナイアシンが十分にないと、悪酔い物質が体の中で長く居座ったままになってしまいます。これがいわゆる二日酔いの原因となるわけです。

また、第2段階後につくられる酢酸は、細胞内でエネルギー源として利用されるのですが、その際にはマグネシウムやビタミンB群が不可欠となります。

さらに注意すべきは、アルコールによる利尿作用です。お酒を飲むとトイレが近くなるのは、お酒の水分が単にそのまま尿として出ていっているわけではなく、排尿をコントロールしているホルモン（バソプレシン）の働きをアルコールが弱めてしまうため、通常よりも尿の量が増えた結果なのです。このような利尿作用を通じて脱水のリスクを伴うだけでなく、マグネシウムをはじめとする貴重な栄養素も一緒に排泄されてしまいます。

そして、アルコールを処理する肝臓をいたわってくれるのがタウリンです。タウリンは、肝臓の細胞が再生するのを促進してくれるほか、肝臓でつくられる胆汁（脂質の消化吸収や有害物質の解毒に役立つ）の構成成分などとして、幅広く役立ちます。

これらの栄養素を補うためには、必ず食事やおつまみ（肴）と共にお酒を飲むことも大切です。基本的には、「アスリート飯」をベースにした食事やおつまみであれば、これらの栄養素や材料をまんべんなくとることができます。特に豆類がおすすめです。ビールに枝豆という夏場の定番も、実はとても理にかなった組み合わせなのです。

とはいえ、アルコールをとりすぎるとあらゆる栄養素の吸収率が低下することや、日常的に摂取すると、筋肉をつくるのに欠かせない男性ホルモン（テストステロン）の分解や破壊が進んでしまうことなども知られています。飲酒する場合でも、あくまでも「ほどほど」にとどめておくべきでしょう。

コーヒーは「目覚めの1杯」でやめておこう

近年、アスリートの間で、パフォーマンス向上を目的にカフェインを摂取することが流行しているようです。当初はマラソンやトライアスロンの選手が疲労軽減や集中力アップのために摂取していたのが、最近では競泳やラグビーなど瞬発系の競技でも愛用するアスリートが増えているといいます。また、コーヒーなどの飲料以外にも、カフェインを強化したスポーツ飲料やサプリメントなども出回っています。

カフェインは実際に効果が確認されていて、柔道の代表選手を対象としたポーランドの研究では、カフェインの摂取量が増えるにつれて一本背負いの回数（パフォーマンスの指標）が増えていたことや、普段はカフェインをとっていない場合、より少量のカフェインでも効果があることなどを報告しています。また、アスリートのパフォーマンスが平均2～6％、最大で16％も高まると結論付けたオーストラリアなどの共同研究もあります。トップアスリートになればなるほど、こうした数％が、勝敗を分かつような大きな違いを生み出すことでしょう。

しかも、現時点ではカフェインはどの競技でも禁止薬物から除外されているため、いわば「合法ドーピング」が可能となっているわけです。世界中のアスリートがこぞって利用するのも無理はありません。

しかしそれでも、むやみに利用すべきではないと警告しておきます。なぜなら、皆さんの睡眠に悪影響を及ぼすからです。しかも、日中に飲んだコーヒーでさえ、夜間の睡眠を妨害しかねないのです。

アメリカの研究では、睡眠にトラブルを抱えていない人でも、就寝6時間前にカフェインを摂取すると夜間の睡眠が1時間妨害されることが分かっています。また、こうした睡眠への悪影響が最大で12時間も続くというのです。そのため研究チームは、熟睡するには午後5時以降にコーヒーを飲まないほうがよいことや、すでに睡眠のトラブルを抱えている人は、最低でも就寝8時間前にはカフェインを摂取すべきでないことを提言しています。また、コーヒーの愛飲者も「目覚めの1杯」だけにとどめ、それ以降は飲まないのが賢明であるとしています。

前述のように、アスリート向けの市販の製品にはカフェインを含むものが多いため、注意が必要です。いつの間にか相当な量をとっていて、結果的に原因不明の不眠に見舞われたり、むしろパフォーマンスの低下を招いたりすることにもなりかねません。

総じて、体重1kgあたり3mgのカフェインでパフォーマンス向上効果が期待できるといわれています。大半の人がカップ1~2杯のコーヒーで事足りる量です。現に、1日3杯以上のコーヒーに相当する量のカフェインを摂取したアスリートでは、逆にパフォーマンスが悪化してしまったというアイルランドの研究結果もあるため、やはり「過ぎたるは猶及ばざるが如し」ということです。

なお、前述の「サバ缶」や「サラダチキン」と時を同じくして、静かなブームとなった「バターコーヒー」も飲まないようにしましょう。グラスフェッド・バターやMCTオイルを入れて混ぜるのがこのコーヒーの特徴ですが、それぞれ第3章と第5章でふれたように、これらはいずれも摂取すべきではありません。コーヒーを飲むならブラックにしましょう。

アスリートの卒煙にも「1日0食」が役立つ！

お酒やコーヒーとは異なり、タバコが「百害あって一利なし」であるのは、皆さんも認識していることでしょう。タバコの煙の中には約4000種類もの物質が含まれていて、そのうちの200種類以上が人体に害を及ぼすといわれています。代表的な有害物質としては、ニコチンや一酸化炭素、タール、アンモニア、そしてカドミウムやヒ素などの重金属類などが挙げられます。

タバコに含まれる一酸化炭素は赤血球のヘモグロビンと結びつき、酸素の運搬能力を低下させます。その結合力は酸素の300倍ともいわれており、ごく少量の一酸化炭素でも甚大な影響を及ぼします。例えば、1日1箱（20本）のタバコを吸う人では、ヘモグロビン全体の5～10％が常に役に立たなくなります。このせいで、喫煙アスリートの走行可能時間が約3割もダウンしてしまうことも分かっています。

ニコチンは自律神経のバランスを崩して心拍数や血圧を上昇させるため、心臓や血管に余計な負担をかけることになります。第5章でお伝えした、細胞の生体膜を構成するオメガ3とオメガ6による炎症のコントロールにも悪影響を及ぼすことが知られており、慢性炎症を招いたり、血栓が発生しやすくなったりしてしまいます。

他にも、タールやカドミウムなどが肺の組織に付着すると呼吸機能が低下しますし、アンモニアは気管支を収縮させることが知られています。その他の化学物質も余計な活性酸素を発生する要因となり、気管や肺にダメージをもたらします。

これらの影響が筋肉や皮膚に及ぶと、手足の感覚が鈍ったりウォーミングアップに時間がかかったりして、ケガや故障のリスクも高まってしまいます。改めて「百害あって一利なし」であることがよく分かるかと思います。

実は、そんな喫煙依存から脱却する上でも有益なのが、第6章でご紹介した「ミネラルファスティング」です。体内に蓄積したタバコ由来の有害物質の解毒に役立つほか、断食後は味覚や嗅覚が鋭くなるため、タバコに嫌悪感を示す（まずく感じる）ようになることも期待できます。タバコをやめたくてもやめられないという人は、卒煙対策としても、ぜひ「1日0食」をコンディショニングに取り入れてみてください。

外食時に覚えておきたいメニュー選びのヒント

遠征や合宿、自主トレ、シーズン前後のキャンプなどで外泊した際に、皆さんにとって大きな楽しみやリラックスの時間になるのが「食事」だと思います。しかし、1食だけとか1～2日だけならともかく、外泊が何日も続いたりすると、いつもの食生活のスタイルが崩れてしまいがちです。自宅ではいろいろと気をつけることができても、外食で理想的な「アスリート飯」を実践・継続するのはなかなか難しいのではないかと思います。

そこで、この章や本書全体のまとめも兼ねて、さまざまな制約がある中でも実践しやすい「外食時に役立つメニュー選びのヒント」をお伝えしておきましょう。例えば、宿泊先でのビュッフェ形式の食事を想定した場合、次のようなポイントを常に押さえておけば、外食であってもかなり質の高い食事がとれるはずです。

★できる限り、パン食ではなくご飯食に
★菓子パンやサンドイッチは避けるのが賢明（トランス脂肪酸のリスク大）
★選べる場合は、白米よりも玄米や胚芽米、雑穀米のご飯を
★豆類や青菜類を使った料理を積極的に選ぶ
★ソーセージやハム、ベーコンをお皿に乗せない（加工肉は添加物だらけ）
★マカロニサラダやポテトサラダを極力食べない（栄養的な価値がほとんどない）
★麺類を食べるなら、ラーメンやうどんよりそばを
★パスタを食べるなら、クリーム系のソースよりトマト系やオイル系のソースで、なおかつ具

だくさんのものを

★揚げ物をできるだけ控えるようにする

★加熱調理した料理ばかりに偏らず、意識して生のものを（野菜サラダのほか、大根おろし、ヤマイモのとろろや短冊などもおすすめ）

★スムージーや果物ジュースの代わりに新鮮な果物を

★発酵食品を積極的に（ヨーグルトは×。漬物類も調味液につけただけの偽物が多いので△。おすすめは納豆）

塵も積もれば山となる——。こうした、毎日の小さな心がけの積み重ねが、アスリートの皆さんのコンディショニングやパフォーマンスに大きな違いを生み出すことでしょう。

「ライバルとは違うことをする」ためにも、今日からすぐに実践してみてください！

おわりに ～食と栄養以外のメソッドにも取り組もう～

人間以外の野生動物には決してみられない、「人間しか行わない4つの不自然」というものがあります。それは、

①人間だけが食べ物を加熱調理する
②人間だけが薬を飲む
③人間だけが他の動物のミルクを大人も子どもも飲む
④人間だけが食べ物を精製する

……というものです。

①の不自然によって、有用な栄養素や成分が破壊されたり、有害物質が発生したりします。野生動物は100%生の餌を食べています。②によって、全身の細胞の生命活動が大混乱に陥ったり、深刻な副作用に見舞われたりします。野生動物は自身の不調を悟ると餌を食べずにじっとしています。③は、子牛が成長するための母乳を人間の老若男女が飲んでいるという事実を冷静に考えれば、ものすごく異様なことです。④も、野生動物は100%未精製・未加工の餌を食べています。こうしてみると、人間は無意識のうちに、不自然なことばかり行ってし

まっているのが改めてよく分かります。

加熱調理のおかげで暖をとったり食べられるものが増えたりしますし、緊急時医療などでの投薬にはときに命を救う力もあります。濃厚な味わいのチーズやアイスクリームには目がないという人もいるでしょう。菓子類やデザート類の甘さは精製された砂糖ならではのものです。とはいえ、総合的に考えれば、いずれも自然から離れた行為であることには変わりありません。

私たちは、「できるだけ自然に生きる」ことを常に心がけるべきです。〝神〟は私たち人間に対し、不自然なことさえしなければ健康に天寿を全うできるよう、心と体をつくってくれています。しかし現実は不自然だらけであり、この4つに限らず、自然とは程遠い食習慣や生活習慣に満ち満ちています。

その結果、日本人は「絶滅危惧民族」になってしまっているとさえ指摘する人もいます。例えば不妊の問題などは、それを象徴するものです。不自然な生活が常態化したせいで、男女とも、次の世代へのバトンタッチがうまくできないという現実に直面しているわけです。

＊＊＊

こうした不自然はさらなる不自然を招き、挙げ句の果てには私たちの判断力さえも鈍らせているように思います。

長野県の教育委員会は2013年、「睡眠不足を招いて成長に弊害がある」という理由で、中学校での運動部の朝練を原則廃止すべきだとする報告をまとめました。そして２０１６年のアンケート結果では、長野県の中学校の約８割が、運動部の朝練を「原則廃止にしている」と回答したといいます。

朝早く起きて、朝日を浴びながら登校した後に体を動かすということが、子どもたちにとってどれだけプラスに働くか、朝練廃止の指針を発表した教育委員会のメンバーは想像もできないのでしょうか？　「廃止するなんておかしい！」と、メンバーは誰一人として反対しなかったのでしょうか？

睡眠不足が気になるなら、単に寝る時間を早めればいいだけの話です。そもそも、朝早く起きて朝日を浴びれば、早寝早起きの習慣も自然と身に付くことでしょう。実際、保護者からもそのような声が挙がったといいますから、何とも皮肉なものです。

教育委員会の報告は、「細胞の環境を整える」という観点とは、まるで逆行しています。早寝早起きの習慣は、私たちの五感の全てを心地よく刺激する、多くの大切な要素が詰まっているからです。

＊＊＊

特に、早朝に屋外で行う「アーシング」は、アスリートの皆さんには一般の人以上に多様なメリットをもたらします。アーシング（earthing）は、土の上や砂浜など、舗装されていない場所で裸足になったり、そのまま歩いたりすることです。

スマートフォンやタブレット端末などの電子機器類を頻繁に使用していると、私たちの体はいつの間にか不要な電気を帯電してしまっています。こうした不要な電気は全身の細胞に「悪い振動」をもたらし、心身の不健康につながります。そこで不要な電気を地面に放電（アース）すると同時に、地面からのエネルギー（よい振動）を全身の細胞にチャージすれば、コンディショニングにも大いに役立つというわけです。

プロ野球の楽天の藤平尚真投手は、アーシングにも通じるような裸足生活を心がけていて、真冬には最低気温が氷点下となる仙台市内の寮でも裸足になっているようです。練習前後も靴を履かずに靴下のみで過ごすなど徹底しています。

きっかけは中学時代に出場した陸上競技の大会で、出番までの時間は靴を脱ぐようにしていたら記録が伸び、自身の感覚もよかったといいます。その結果、走幅跳ではジュニアオリンピックで優勝するまでになり、それ以来、裸足生活を続けているそうです。

藤平選手は、裸足で過ごすことで、足の親指の付け根部分（母指球）で地面をつかむ感覚が養われるとコメントしていました。自分でよいと思ったことを何でも柔軟に取り入れようとする彼の姿勢は、多くのアスリートのお手本になると思います。

＊＊＊

河川敷での早朝ウォーキングは、細胞の環境を整えるのに役立つ要素の宝庫です。私も、地元・京都の賀茂川周辺で行うのが毎朝のルーティンになっています。

早朝の日光に多く含まれる青い光（青色光）は、細胞の修復や再生を促したり、体内時計をリセットしたりする働きがあります。川のせせらぎや野鳥の声、木々のざわめきといった自然界の音は、免疫力を高めたり心を安定させたりする効果が確かめられています。自然とのふれあいも、心身のさまざまなメリットが科学的に証明されています。アーシングを行って裸足で地面をグリップする感覚を養うと、足底のアーチが鍛えられたり足指の付け根の関節が柔軟になったりし、ひいては正しい姿勢にもつながっていきます。

これらに共通するのは、私たちに「よい振動」をもたらし、全身の細胞が共鳴することです。振動というと、一般的には耳や皮膚を通じて感じる（自覚する）もので、なおかつ「ブーン」という音を伴うものをイメージしがちですが、実際には、私たちが自覚・認識していなくても、身の周りにはさまざまな振動に満ちあふれています。水や光・空気・音といった、細胞環境デザイン学の柱となる要素は、こうした振動が深くかかわっています。

そして、私たちの生活環境には「よい振動源」と「悪い振動源」があります。前者は総じて自然由来のものであり、後者は主に人工物から生じるものです。よい振動源との接触を増やして、悪い振動源をできるだけ減らすようにすれば、よい振動を通じて細胞が共鳴し、全身の細胞の環境が整っていくことになります。

アスリートの皆さんが特に注意すべきは、化学繊維を通じた「悪い振動」です。スポーツウエアは往々にして、綿などの天然繊維ではなくポリエステルなどの化学繊維でつくられています。化学繊維は速乾性や耐久性に優れている反面、運動時の摩擦で静電気が起こりやすく、体が帯電してしまうというデメリットがあります。そのため、アスリートだからこそ、アーシングを通じた定期的な放電が欠かせないわけです。医食同源（正しい食事は病気を防ぐ最善策であり、医療と同等の力がある）という言葉がありますが、いわば「衣・食同源」でもあるということです。

朝露に濡れた芝生などは、アーシングを行う上で特におすすめです。これなら、ちょっとした公園や自宅の庭でもできるのではないでしょうか。ぜひ皆さんも明日の早朝から始めてみてください。

＊＊＊

アスリートご本人や、彼らを支える人たちはもちろんのこと、スポーツ愛好家の皆さん、そして若いアスリートの保護者の皆さんも、常に「細胞目線」を忘れないようにしてください。「はじめに」でもお伝えしたように、全身の細胞ひとつひとつのコンディショニングこそが、アスリート本人のコンディショニングの成否に直結し、細胞のパフォーマンスの集大成が、アスリートのパフォーマンスそのものだからです。

また、やはり「はじめに」でもふれましたが、近年ではケガや故障を抱えたアスリートがあまりに多すぎます。間違いなく才能があるのに、ケガや故障のせいで本来の力を発揮できず、早々に現役を退いてしまうという彼らの姿を見るにつけて、何とも言えないもどかしさを感じるのです。しかし一番悔しいのは、間違いなくアスリート本人です。私はそんなアスリートが一人でも減り、誰もがいかんなくベストパフォーマンスを発揮できるスポーツ界であってほしい、そして私たちを大いに感動と興奮の渦に巻き込んでほしいと、切に願っています。その一心で、これまで多くのアスリートのサポートを行ってきました。

第7章でもお伝えしたように、私の提唱する細胞環境デザイン学は、栄養・運動・水・光・音・空気・休息・脳・断食という、9つのメソッドで成り立っています。つまり、食や栄養に関する要素はもちろんのこと、毎日の生活習慣について何かを判断するときは、こうした9つのメソッドに基づいて多角的に捉えながら、「細胞が喜ぶかどうか」を最優先で考えていただきたいのです。そのためには、普段から細胞の「声」に耳を澄ませておかなければなりません。そして判断に迷ったら、いつでも本書を読み返してください。

アスリートの皆さんの細胞ひとつひとつが勝利を確信することを、心から祈っています。

山田豊文（やまだ・とよふみ）
杏林予防医学研究所所長。日本幼児いきいき育成協会（JALNI）会長。
あらゆる方面から細胞の環境を整えれば、誰でも健康に生きていけるという「細胞環境デザイン学」を提唱し、本来あるべき予防医学と治療医学の啓蒙や指導を行う。2013年に「杏林アカデミー」を開校。講座を通じて、細胞環境デザイン学を日本に広めていくための人材育成に力を注いでいる。2018年にはJALNIを始動、2022年に現法人名に変更。子どもの健全な育成を目的としたさまざまな活動を全国各地で展開している。
主な著書に『細胞から元気になる食事』（新潮社）、『病気がイヤなら「油」を変えなさい！』（河出書房新社）、『トランス脂肪酸から子どもを守る』（共栄書房）、『脳と体が若くなる断食力』（青春出版社）など。

杏林予防医学研究所ホームページ https://kyorin-yobou.net/
JALNI ホームページ https://jalni.localinfo.jp/
山田豊文フェイスブック https://www.facebook.com/yamada.kyorin

超人をつくるアスリート飯――全身の細胞が喜ぶ最強のスポーツコンディショニング

2020年1月25日　初版第1刷発行
2024年2月15日　初版第2刷発行

著者 ―――― 山田豊文
発行者 ――― 平田　勝
発行 ―――― 共栄書房
〒101-0065　東京都千代田区西神田2-5-11 出版輸送ビル2F
電話　03-3234-6948
FAX　03-3239-8272
E-mail　master@kyoeishobo.net
URL　http://www.kyoeishobo.net
振替 ―――― 00130-4-118277
装幀 ―――― 黒瀬章夫（ナカグログラフ）
印刷・製本 ―― 中央精版印刷株式会社

ISBN978-4-7634-1091-7　C0077